Ebru Wilson wurde 1965 in Istanbul geboren und ist in Deutschland aufgewachsen. Beruflich war sie viele Jahre im Management mehrerer internationaler Luftfahrtunternehmen tätig. Seit ihrem 13. Lebensjahr entwickelte sie ein außergewöhnliches Interesse für die Kunst des Kaffeesatzlesens sowie die Legung von Karten nach überlieferter Tradition und ließ sich daher von ihrer Großmutter in dieses althergebrachte Wissen einweihen. Seit 2005 beschäftigt sie sich als freiberufliche Künstlerin ausschließlich mit diesen Themen.

Mokka trinkt man nach dem Essen, mit dem Partner, mit der besten Freundin, zur Stärkung, zur Geselligkeit, weil die Seele danach ruft, wenn man Lust darauf hat ODER, weil man gerade eine Zeit der Unklarheit durchlebt und Antworten auf Fragen benötigt, auf die man vor lauter Nachdenken keine Lösungswege finden kann.

Die Autorin beschreibt, wie man aus dem Kaffeesatzlesen Wissen über sein Leben, sein Umfeld oder die Zukunft erlangen kann. Eines ihrer Hauptziele ist es jedoch, den Hintergrund dieser wundervollen Tradition des Kaffeesatzlesens bekannt und populär zu machen.

Ebru Wilson

Die Kunst des Kaffeesatzlesens

Stb

Originalausgabe
© 2009 Schirner Verlag, Darmstadt

Alle Rechte der Verbreitung, auch durch Funk, Fernsehen und sonstige Kommunikationsmittel, fotomechanische oder vertonte Wiedergabe sowie des auszugsweisen Nachdrucks vorbehalten.

ISBN 978-3-89767-637-4

2. Auflage 2009

Umschlaggestaltung: Murat Karaçay
Redaktion: Dörte Fischer, Frankfurt,
   Heike Wietelmann
Satz: Sebastian Carl, Amerang
Herstellung: Reyhani Druck & Verlag, Darmstadt
www.schirner.com

FÜR LARA

*Mögen dein Herz und
deine Augen immer
lächeln!*

Inhalt

Vorwort	9
Das Glück, unser Schicksal und unsere Zukunft	11
Die Kaffeebohne findet ihren Weg nach Istanbul	17
Die Kunst des Kaffeesatzlesens	21
Tipp an die Herren	22
Welche Mokkatasse passt zu mir?	27
Die Zubereitung von Mokka	37
Das Servieren: Auch das will gelernt sein!	41
Das Öffnen und Deuten der Tasse	46
Das Lesen beginnt	48
Das Öffnen der Tasse	48
Der Kaffeesatz auf dem Tassenboden	49
Die Wand der Mokkatasse	50
Der Unterteller	52
Das Wasserritual – der Abschluss des Lesens	54
Die festklebende Tasse	55
Die Deutung der Symbole – Die Kunst des Kaffeesatzlesens	57
Beispiele für das Deuten	59

Weitere Beispielfotos mit Symbolen 62
Was macht man, wenn man gar kein Symbol
im Mokkasatz erkennt? 65
Alphabethische Auflistung der Symbole
und ihrer Bedeutung 68
Die Bedeutung verschiedener Buchstaben 136
Die Bedeutung von Zahlen 138
Die Bedeutung von Strichen und
Punkten sowie asymmetrischen Symbolen 140
Die 10 wichtigsten Regeln des
Kaffeesatzlesens 144
Das themenbezogene Lesen:
Partnerschaft, Beruf, Geld 148
Die richtige Fragestellung 160
  Die Aufmerksamkeit, der Fokus
  und das universelle Gesetz 160
  Wie sieht denn nun die richtige
  Fragestellung aus? 164
Ein netter Nachmittag mit
Freundinnen – Die Mokka-Party 168
Der Trost aus der Mokkatasse –
wie man mit Sorgen umgeht 172

Vorwort

Vor einigen Jahren habe ich darüber nachgedacht, dieses Buch zu schreiben, um das Thema Kaffeesatzlesen anderen Menschen näherzubringen. Nur war wohl die Zeit noch nicht reif dafür. Innerhalb weniger Jahre hat sich mein Leben so sehr verändert, dass die „richtige" Zeit plötzlich vor der Tür stand. An dem Tag, an dem ich dies am deutlichsten gespürt habe, fing ich mit dem Schreiben an, und heute beende ich es mit diesem Vorwort.

Das Thema beschäftigt mich schon seit meiner Kindheit, und bis heute überrascht es mich selbst immer wieder, wie deutlich die Symbole im Kaffeesatz zu erkennen sind, ja oft sogar wie von Hand gezeichnet erscheinen. Dieses Phänomen hat mich davon überzeugt, dass die Symbole keineswegs aus purem Zufall entstehen. Ich glaube nicht an Zufälle. Alles passiert, kommt und geht aus einem bestimmten Grund. Ob dies mit dem Resonanzfeld eines jeden Menschen zusammenhängt oder einer Art Magie zuzuschreiben ist, dürfen Sie, liebe Leserin, lieber Leser, selbst entscheiden. Auch in meinem Leben ist vieles geschehen, vieles ist gekommen, vieles ist gegangen. Aber einige Dinge kommen in unser Leben und sie bleiben. Sie bleiben, weil wir es so wollen, sie bleiben, weil wir es so mögen, weil wir sie brauchen oder auch, weil wir sie wirklich behalten wollen.

Ich wünsche Ihnen viel Spaß und Freude am Erlernen dieser alten, traditionellen Kunst des Kaffeesatzlesens und dass es Ihnen für immer erhalten bleibt. Ich wünsche Ihnen, dass die Inspiration und Vorschläge aus dem Mokkasatz Ihnen und Ihren Freunden viele fröhliche Stunden bereiten und immer eine positive, hoffnungsvolle und klarere Zukunft darstellen. Wenn dies geschieht, dann wird das Ziel dieses Buches erreicht sein.

Während ich schrieb, ging mein Blick immer wieder auf sechs verschiedene und wirklich wunderschöne, zum Teil sogar über 100 Jahre alte, reich verzierte, zugleich aber auch ganz schlichte und dezente Mokkatassen. Sie stehen alle vor mir wie sechs Soldaten und sind „allzeit bereit". Jede von ihnen, in ihrer vollkommenen Schönheit sagt mir: „Nimm mich, bereite einen Mokka zu, trink ihn, wünsch dir was oder denk ganz fest an etwas oder auch an jemanden. Dreh mich um und sei gespannt auf meine Antwort, wenn du mich wieder öffnest."

Das Glück, unser Schicksal und unsere Zukunft

Die Seele eines Menschen braucht türkischen Mokka. Nein, vielleicht stimmt das so nicht, aber die Seele eines Menschen braucht einen Freund. Und diese Freunde sollten sich die Freude an ihrer Freundschaft mit einer kleinen, feinen Tasse türkischen Mokkas, im lächelnden Zustand genossen, verfeinern.

In diesem Buch schreibe ich zwar mehrheitlich, wie man durch das Kaffeesatzlesen, und mit dem „neu erlangten Wissen" etwas schlauer als vorher werden kann. Jedoch soll der Hintergrund dieser wundervollen Tradition auch anderen Menschen die gleiche Form von Freude bringen, die bisher meistens nur denen, die diese Tradition seit ihrer Kindheit kennen, vertraut ist.

Als ich 4 Jahre alt war, fragte ich bereits, warum ich denn keinen Mokka bekäme, wenn die Erwachsenen nach dem Essen und bei jedem Besuch ihre kleinen, so schönen Tassen in ihrer Hand hielten. Die Antwort auf meine Frage war immer dieselbe:

„Ahhh, olmaz, arab olursun!"

Was so viel bedeutet wie: „Ahhh, das geht nicht, sonst wirst du zum Araber!"

Das bekam damals so ziemlich jedes Kind zu hören und hört es auch heute noch. Wir Kinder hatten zwar keine Ahnung davon, was „Araber werden" bedeutet, aber es musste etwas Schlimmes sein.

Meine Nase war schon immer an den wunderbaren Duft, der durch das Haus schwebte, gewöhnt und gerne schaute ich zu, wenn Mokka zubereitet wurde. Auch wurde, obwohl man es bei jedem Kochen von Mokka immer wieder aufs Neue erwähnte, immer wieder und immer wieder, als hätte man es noch nie vorher gesagt, belehrend verkündet: „Ein Mokka ohne Schaum ist kein Mokka!" Es ist eine Schande, so etwas zu servieren. Hunderte Mal habe ich diesen Satz gehört. Hunderte Male von anderen und tausend Mal – vor mich hin gemurmelt – von mir selbst.

Ein Mokka ohne Schaum ist eine Schande. So ist es.

Mit 12 Jahren bekam ich endlich meine erste Tasse Mokka in die Hand. Und obwohl ich mittlerweile wusste, dass alle Kinder, die nach Mokka fragten, schon immer auf den Arm genommen wurden, fragte ich, ob ich nun etwa eine Araberin werden würde, wurde jedoch von meiner Mutter belächelt. Das Wort

„Koffein" hatte ich bis dato nicht gehört, das mit dem „zum Araber werden" bestimmt unzählige Male. Das Wort „Koffein" hätte uns Kinder wahrscheinlich nicht so erschreckt wie die Aussage, man würde durch Mokkatrinken zum Araber werden. Da wir keine Araber kannten, wurde das eben gegen das Kaffeetrinken in jungen Jahren eingesetzt.

Viele türkische Kinder sind plärrender Natur; sie waren es damals schon. Ich will gar nicht wissen, wie es die Nation mit durch Koffein noch mehr aufgeputschten kleinen Türkenkindern in den nächtlichen Stunden ertragen hätte, zumal die meisten Familien auch noch mehr als drei Kinder haben.

Daher habe ich auch meiner Tochter, als sie vor etwa 10 Jahren im Kindergartenalter nach Mokka gefragt hat, dieselbe Antwort gegeben:

„Ahhh, olmaz, arab olursun!"

Auch sie hat es geschluckt. Ach, diese schlauen türkischen Mütter, die wissen doch immer noch, wie so was geht.

Zurück zu meiner ersten Tasse Mokka: Ich setzte mich wie eine Dame in den Sessel und trank, so wie ich es schon immer bei den Erwachsenen gesehen hatte, immer an der gleichen Stelle der Tasse, immer kleine Schlucke und immer wissend, dass – wenn ein wenig Kaffeeflüssigkeit über dem Satz übrig ist –, die Zeit gekommen ist aufzuhören, sich etwas zu wünschen und die Tasse umzudrehen.

Mokka trinkt man mit dem Partner, mit der besten Freundin, mit vielen guten Freunden, mit den Eltern und Geschwistern, mit jedem Besuch, im Restaurant nach dem Essen, mit der Nachbarin, mit der Oma der Freundin, die selbst gerade nicht zu Hause ist, aber auch alleine, und dies zu jeder Tages- und Nachtzeit – eben dann, wenn man Lust drauf hat und die Seele danach ruft. Und manchmal trinkt man ihn einfach nur aus einem Grund: Weil man vielleicht gerade eine Zeit der Unklarheiten durchlebt und Antworten auf einige Fragen benötigt, auf die man vor oder nach lauter Nachdenken keinen Lösungsweg finden konnte.

Meine Freundin Andrea lebt 400 Kilometer von mir entfernt, daher sehen wir uns nicht oft, aber wir telefonieren umso mehr und verabreden uns auch zum Kaffeetrinken am Telefon. Pünktlich, wenn der Schaum auf meiner Mokkatasse glänzt, klingelt das Telefon, und es ist natürlich Andrea, die ja seit Jahren schon mit minutiöser Genauigkeit immer dann anruft, wenn die Tasse sich in der linken und das Telefon in der rechten Hand befindet, ohne dass wir vorher eine genaue Zeit ausgemacht hätten. Und wir lachen sofort los, manchmal schon brüllend, als sei das perfekte „Timing" zum ersten Mal geschehen. Klar, das hört sich albern an, aber mal so gesagt, was sonst könnte uns in diesem Moment, so laut lachend, wieder einmal zusammenbringen, als ein nettes Gespräch unter Freundinnen, begleitet von einer guten, kleinen Tasse Mokka? Genau das ist gemeint mit den Worten: „Gute Freundschaft braucht einen Mokka." Unsere Freundschaft hat dies seit vielen, vielen Jahren.

Meine Dankbarkeit gilt vor allem jenem Schafhirten, der weder lesen noch schreiben konnte, aber durch einen wunderbaren Zufall die Kaffeebohne entdeckte. Hier erzähle ich Ihnen, wie genau dieser junge Mann als Erster auf den Kaffee kam und damit die Welt entzückte.

Damit beginnt auch die wunderbare Geschichte des Kaffeekochens, das später in verfeinerter Version als türkischer Mokka alle Menschen, die ihn probieren durften, so sehr erfreute und heute aus unserem Alltag und Leben nicht mehr wegzudenken ist.

Der arabische Schafhirte war müde. Er war immer müde, weil es heiß war, die Sonne war unerträglich geworden, sodass er sich unter einen Baum legte und dort einnickte. Als er seine Augen wieder öffnete, erblickte er die kleinen Blätter des Baumes, unter dem er lag. Er zupfte sich ein paar Blätter ab und kaute auf ihnen herum. Nach einer Weile stellte er fest, dass er immer wacher wurde und viel mehr Energie als sonst hatte. Er beschloss, die Körner, die am Baum hingen, abzupflücken und in Wasser zu kochen und danach zu trinken.

Je mehr er davon trank, desto mehr Kraft verspürte er in Körper und Geist. Er erzählte den Bauern im Dorf, die – so wie er selbst – jeden Tag von der glühenden Hitze ermüdet ihrer Arbeit nachgehen mussten, was für einen besonderen Baum er entdeckt hatte. Also probierten auch die Bauern im Dorf das „Kaffeewasser" und stellten fest, dass der Schafhirte Recht hatte. Es sprach sich herum, und mit den Jahren geschah das, was geschehen musste.

Die Kaffeebohne findet ihren Weg nach Istanbul

Im 15. Jahrhundert, so sagt man, wurde die Kaffeebohne und mit ihr das „Kaffeewasser" bei den Arabern und den Jemeniten so beliebt, dass sie sich im 16. Jahrhundert bis in weite Teile des Osmanischen Reichs (die heutige Türkei) verbreitete. Vor etwa 450 Jahren brachten Ehrenmänner des Landes den Kaffee als Geschenk in großen Säcken in den Palast des damaligen Sultans nach Konstantinopel. Später, im 17. Jahrhundert, nahm der Kaffee von Konstantinopel (heutiges Istanbul) aus seinen Weg nach Europa.

Sie nannten ihn „die schwarze Perle".

Die Köche des Palastes bereiteten nach Anweisung der Überbringer der schwarzen Perle einen Mokka für den Sultan zu.

Diese Köche waren nicht nur gute Köche, sie waren wahre Meister der Kochkunst, denn ihnen drohte, nach nur einem einzigen „schlechten" oder misslungenen Essen, das dem Herrscher nicht schmeckte, innerhalb der nächsten halben Stunde den Kopf zu verlieren. Und es waren nicht wenige, die damals „einfach so" geköpft wurden.

Der erste türkische Mokka wurde also von wahrer Meisterhand für den Sultan gekocht und serviert. Dieser war so sehr davon angetan, dass er den Befehl gab, alle Frauen des Palastes müssten lernen, wie man einen Mokka zubereitet. Und dieser Mokka müsste dann genauso gut schmecken wie dieser, den er gerade getrunken hatte.

Die Frauen, die das nicht könnten, würde er sonst aus seinem Harem verbannen. Und so geschah es. Man holte jeweils 40 Frauen aus ihren Gemächern und brachte sie in die Palastküche. Nachdem die ersten 40 Haremsdamen das Mokkakochen gelernt hatten, kamen die nächsten 40 Frauen in die Küche, und so ging es weiter, bis alle gelernt hatten, wie ein perfekter Mokka zubereitet wird.

Somit riskierte keine der Frauen ihre Verbannung aus dem Palast. Doch während Hunderte von Haremsfrauen das Mokkakochen erlernten, war noch etwas anderes geschehen: Eigentlich hatten sie nur ihre Haut retten wollen, aber sie mussten den Kaffee auch jedes Mal nach Anweisung des Meisterkoches probieren und sie fanden Gefallen und Freude an dieser kleinen, aber feinen heißen Tasse und tranken den

Mokka von da an täglich. Man sagt sogar, dass das Kaffeesatzlesen aus „lauter Neugier" der Haremsfrauen entstanden sein könnte.

Im Jahre 1615 hatten zwei venezianische Kaufleute die Idee, den Kaffee nach Italien zu bringen, und 1650 war es ein Kaufmann aus Marseille, der ihn nach Frankreich bringen wollte. 1669 stellte ein osmanischer Abgesandter der damaligen Adelsschicht und reichen Persönlichkeiten in Paris das Getränk vor, indem er sie alle auf ein prachtvolles Fest in seinem dortigen Amtsitz einlud. Die Gäste waren entzückt und begeistert. Von diesem Tag an wurde türkischer Mokka ein fester Bestandteil der so genannten „feinen Gesellschaft" Frankreichs.

Als 1683 die Osmanen in Österreich bis vor die Tore Wiens einmarschierten, lernten auch die Österreicher – wenn auch unter kriegerischen Zuständen – die türkische Kaffeekultur kennen und schätzen. Erste Kaffeehäuser entstanden, in denen der türkische Mokka bis heute fester Bestandteil der Kaffeekarte ist. Als die Osmanen aus Österreich vertrieben worden waren, waren die Österreicher zwar glücklich über ihren „neu entdecken Mokka", jedoch mussten sie ihrer Wut den Osmanen gegenüber Ausdruck geben. So entstand in Wien das Croissant, in das mittlerweile viele Europäer morgens hineinbeißen. Es stellt nämlich den Halbmond auf der Flagge der Osmanen dar. Man sagte damals, dass man den Halbmond der Osmanen für immer und ewig essen werde. Das Croissant kommt also nicht aus Frankreich, sondern aus Österreich.

Bitte tunken Sie niemals ein Croissant in einen Mokka, da gehört es nicht hinein!

Berühmte Persönlichkeiten, die täglich aus purer Leidenschaft Mokka tranken, waren: Johann Sebastian Bach, Victor Hugo, Alexandre Dumas, Molière, André Gide, Madame de Pompadour, Honoré de Balzac, Pierre Loti und viele weitere.

Der Romancier Pierre Loti kam immer wieder nach Istanbul, rauchte die Wasserpfeife und war ein begeisterter Mokkagenießer. Er hielt sich oft im Stadtviertel Eyüp auf. Dort steht heute noch ein Kaffeehaus, das schon seinerzeit nach ihm benannt wurde: das Piere-Loti-Kaffeehaus.

Die Kunst des Kaffeesatzlesens

Die Kunst des Kaffeesatzlesens ist eine alte, überlieferte Art, sich selbst und andere angesichts der Turbulenzen und Unwägbarkeiten des alltäglichen Lebens, die uns oft mehr beschäftigen als uns lieb ist, zu beruhigen. Schon im alten Orient war die Kunst des Kaffeesatzlesens als tägliche Hilfe und Antwort auf diverse Fragen sowie zur Zukunftsdeutung von Mund zu Mund weitergegeben worden.

Man tat alles dafür, um von einer Leserin eingeladen zu werden, und hoffte auf die Krönung der Einladung: das Anbieten eines türkischen Mokkas und die danach folgende Deutung. Erst dann konnte man, beruhigt oder zumindest klüger als vorher, nach Hause gehen.

Es gab im Orient kaum einen, der nicht sofort aufhörte zu sprechen, sobald eine Frau oder ein Mann eine Mokkatasse in der Hand hielt und „Ahhh, hmmm" vor sich hinmurmelte. Diesbezüglich hat sich bis heute nichts geändert. Auch heute noch verstummen sogar die Menschen, die von Natur aus nicht aufhören können zu reden (wir sagen dazu: „Er redet wie ein Wasserfall"), sobald ihre Augen eine Leserin mit einer Mokkatasse in der Hand erblicken. Menschen im Orient kennen dieses Phänomen und Sie, lieber Leser, sollen es auch kennenlernen.

Tipp an die Herren

Falls Sie eine Partnerin haben, die auch „wie ein Wasserfall reden" kann, dann sollten Sie ihr öfters liebevoll aus ihrer Mokkatasse lesen. Sie beide werden bestimmt glücklicher miteinander. Versprochen!

Junge, unverheiratete Mädchen wurden flüsternd, und zum Teil kichernd, auf ihre Zukunft hingewiesen. Dies fand meistens in einer ruhigen Ecke eines Raumes statt. Ältere lächelten dann zu dem Mädchen hinüber, aber versuchten nicht, die Lesung durch ihre Neugier zu stören. Wie der zukünftige Ehemann, der Inhalt seines Geldbeutels, die zukünftige Schwiegermutter und das Leben des Mädchens aussehen würden, erkannte man jedoch sehr schnell an den Gesichtszügen des Mädchens. Lächelte sie und hatte gar plötzlich rote Bäckchen, dann war alles gut.

Schaute sie etwas traurig daher oder eher bescheiden, dann wusste man, was die Leserin wohl in der Tasse gesehen hatte. Wiederholt wurde das Ritual auch immer ein paar Tage vor einer bevorstehenden Hochzeit, um der Braut die letzten Ratschläge für ihre Ehe mitzugeben.

Mokkatassenleser wussten damals schon mehr über sich selbst, aber insbesondere über andere. Es war beruhigend für jeden Menschen, eine Leserin oder einen Leser zum Bekanntenkreis zählen zu dürfen. An dieser Art von Beruhigung hat sich bis heute nichts geändert.

Auch die, die niemals an das Kaffeesatzlesen geglaubt hatten, habe ich – in entsprechenden Lebenssituationen – zu Lesern gehen sehen, und genau das ist der Sinn dieses Buches: um Menschen über diese traditionelle Kunst aufzuklären, aber ihnen auch die Fähigkeit zu schenken, selbst die Fäden des Lebensspiels in die Hand zu nehmen und den Satz einer köstlichen Tasse Mokka richtig zu deuten.

Schon an dieser Stelle möchte ich erwähnen, dass das Kaffeesatzlesen eine sehr gute Möglichkeit ist, einen (Aus-)Weg aus einer Situation oder eine Hilfestellung in verschiedensten Lebenslagen zu finden. Es hilft einem dabei, wieder „zu sich selbst" zu finden und sich zu sammeln.

Und das Beste am Mokka ist, dass er uns hilft, die Hoffnung auf die Erfüllung unserer Wünsche niemals aufzugeben.

Mokka zu trinken und später den Kaffeesatz zu deuten, ist auch eine Art Erholung. Dies kann am Nachmittag, am frühen oder späten Abend stattfinden. Eine Tasse Mokka nach einem Vollbad ist reine Lebenslust und Belebung für die Sinne.

Mit mehreren Freundinnen zusammen genossen, ist es ein schöner und oft mit Lachen gefüllter, fröhlicher Nachmittag.

Mit dem Partner ist es eine schöne Form der Begrüßung, damit das Wiedersehen am Abend, nach einem vielleicht turbulenten Tag, in entspannter Atmosphäre beginnt. Ich denke auch, dass man als Frau ruhig etwas klüger sein darf, und mit dem Hintergedanken, dass durch diesen kleinen Energieschub am Abend auch mehr „Nähe" in der Partnerschaft entstehen kann, da Mokka trinkende Männer – und Südländerinnen werden jetzt nicken – nicht so schnell nach dem Essen auf dem Sessel einschlafen, wie beispielsweise die Nordeuropäer. Also sollten sich Frauen vor dem Mokkakochen am Abend gut überlegen, ob der Partner „wach" bleiben oder doch lieber „einschlafen" sollte!

Egal wie man es für sich sehen möchte, es ist eine schöne Lebensbereicherung, weil man sich dabei entspannt hinsetzt, für einen Moment nur mit sich selbst beschäftigt ist und die Gedanken, die einen umtreiben, in die Tasse „hineingibt", während man seine Tasse austrinkt und schließlich diese auf den Unterteller umdreht und somit „verschließt", damit der Kaffeesatz dann den Rest für uns „tun" kann.

Auch Sultane und Landesherrscher ließen sich den Kaffeesatz nicht nehmen. Nein, auch bei ihnen wurde gelesen, wobei die klugen Leser schlechtere Nachrichten stets politisch korrekt und in einer sehr schön verpackten Form und Sprache verkündeten – denn nicht wenige wurden auch aufgrund der Empörung eines Sultans geköpft.

Das ist vielleicht mit ein Grund dafür, dass so wenige gute Kaffeesatzleser ihr Wissen weitergeben konnten.

Bevor wir anfangen, Zeichen und Symbole aus der Mokkatasse zu deuten, müssen wir zusammen erst einmal einen guten Mokka kochen. Dies ist einfach, aber damit der Kaffeesatz später auch „lesbar" ist, muss die Zubereitung gelernt sein.

Das A und O einer feinen Tasse Mokka ist der Schaum. Einen Mokka ohne Schaum zu servieren, ist eine Schande. Jedenfalls da, wo ich herkomme. Und obwohl nun die Kunst des Mokkakochens folgen müsste, erwähne ich an dieser Stelle, dass man heute noch im Orient eine Frau nach ihrem Mokka und dessen Schaum beurteilt.

Eine Frau ist erst dann „reif" für die Ehe, wenn sie den Mokka mit viel Schaum serviert! Auch in den modernsten Familien einer Großstadt ist es heute, nach alter Tradition, noch üblich, dass die angehende Schwiegertochter ihrem zukünftigen Ehemann, ihren zukünftigen Schwiegereltern sowie ihren eigenen Eltern den Mokka kocht und serviert. Erst danach sprechen die Eltern mit dem Hochzeitspaar über die bevorstehenden Hochzeitspläne – und wer was dafür erledigen und das dann auch bezahlen wird.

Junge Frauen, die keinen Schaum auf ihrem Mokka kochen können, bedienen sich heutzutage einfach ihres Hauspersonals. Dieses bereitet dann unauffällig, während die Tochter des Hauses dabeisteht, den feinen Mokka mit viel Schaum zu und stellt ihn auf ein Tablett. Die Tochter des Hauses serviert ihn dann mit einem strahlenden Lächeln, und sagt: *"Afiyet olsun!"*, also „Guten Appetit!" (Türken wünschen auch bei Getränken „guten Appetit".)

Ich selbst kann Mokka übrigens mit so viel Schaum kochen, dass der Schaum eigentlich nur aussagt, dass ich nicht nur „reif", sondern „überreif" für die Ehe bin.

Welche Mokkatasse passt zu mir?

Beim Kauf einer Mokkatasse sollte man nicht nur die Funktionalität der Tasse überprüfen, indem man die Tasse noch im Geschäft auf den Unterteller umdreht und schaut, dass die umgedrehte Tasse flach auf dem Unterteller aufliegt. Man sollte auch auf das Muster der Mokkatasse achten.

Natürlich kann aus jeder beliebigen Mokkatasse ein Mokka getrunken werden. Umdrehen kann man aber nur eine Tasse, deren Henkel nicht über den oberen Tassenrand hinausragt. Denn im umgedrehten Zustand muss die Tasse mit dem Unterteller abschließen. Tut sie das nicht, ist eine Lesung bzw. Deutung des Kaffeesatzes später nicht möglich. Es sollte eine echte Mokkatasse sein, also keine, die für Espresso bestimmt ist. Diese wäre nämlich zu schwer und zu dick! Eine Mokkatasse muss aus leichtem Porzellan sein!

Ich bin davon überzeugt, dass ein Muster auf einer Mokkatasse und dem dazugehörenden Unterteller zu dem Menschen, der daraus trinkt, passen sollte. Es gibt wunderschöne Tassen. Sie sind so schön, dass ich einige davon zu Kunst erklären würde. In einigen Mustern der in Handarbeit bemalten und verzierten Mokkatassen erkenne ich Werte wieder, die in einer Zeit vor der unsrigen wohl mehr Bedeutung hatten. Wir leben in einer zu schnellen Welt und in einer Wegwerfgesellschaft. Werte scheinen vielen Menschen nicht mehr viel zu bedeuten. Plastik, Kunststoff, Kitsch, Massenproduktion überschütten diese Erde. Aber sie überschütten nicht nur die Welt, sondern auch uns und unseren Alltag, und dieser Schrott schafft es sogar, in unseren Lebens- und Wohnbereich zu kommen.

Hätten Sie vor 500 Jahren einer Person einen Kaffee im Pappbecher mit Plastikdeckel mit der Werbeaufschrift eines Fastfood-Restaurants (die für die meisten ausladenden Hüften Europas zuständig sind) in die Hand gedrückt und gesagt: „Hier, bitte schön, Ihr Kaffee", hätten Sie garantiert einen irritierten Blick geerntet. Wie schön, dass es damals kein Plastik gab, wie schön, dass diese Menschen nichts anderes als schöne Dinge in geduldiger Handarbeit herstellen mussten. Natürlich hatten sie es damals viel schwerer als wir heute. Aber sie haben uns alte, schöne, stilvolle Dinge, wie zum Beispiel altes Porzellan und antike Möbel, hinterlassen und uns das „vorgelebt".

Heute gehen Menschen zu einer schwedischen Möbelkette und richten sich ein. Das Porzellan kauft man im Kaufhaus oder in einem Fachgeschäft für Haushaltswaren. Schuhe werden kaum noch per Hand genäht. Damenunterwäsche hat keine echte Spitze, sondern aufgenähte Nylonherzen. Es gibt heute nichts, was es nicht gibt. Von allem viel und viel mehr als man braucht. Ich frage mich, wo die wirklich schönen Dinge geblieben sind. Wo kann ich etwas Schönes finden, mich darüber freuen und in mein Leben „hinein"-bringen? Wo finde ich etwas, was mich zum Lächeln bringt, während ich es in meiner Hand nach Hause trage?

Am Schreibtisch sitzend, schaue ich, wie gesagt, auf mehrere verschiedene Mokkatassen. Ich mag diese verschiedenen Mokkatassen, vor allem die in Pastelltönen, aber auch die in kräftigen Farben. Die Tasse darf gern auch eine schöne Goldverzierung haben. Auch Blüten und Blumen gefallen mir. Eine Mischung aus all dem, was mir ganz persönlich gefällt, sollte auf der eigenen Mokkatasse sein. Ich bevorzuge sehr dünnes, leichtes Porzellan. Diese Tassen sind meist sehr alt. Je älter eine Mokkatasse ist, umso leichter und feiner ist das Porzellan. Es macht tatsächlich einen Unterschied, ob man einen Mokka aus einer neuen oder aus einer alten Mokkatasse trinkt.

Zum Üben reicht am Anfang eine preiswerte Mokkatasse, die schlicht und in ihrer Form eher gerade geformt ist. Schauen Sie sich einfach mal in einem

Haushaltswarengeschäft um. Ein guter Flohmarkt hat auch Schönes zu bieten. Die Suche nach der richtigen, für Sie einfach perfekten Mokkatasse oder auch einem Set kann sehr viel Freude bereiten. Wenn Sie sich eine etwas teurere Mokkatasse leisten können, die zwischen 15 und 30 Euro kostet, werden Sie bestimmt im Trödelladen fündig. Sehr schön verzierte, alte, handbemalte, feine Mokkatassen findet man bei Antiquitätenhändlern. Hier liegen die Preise zwischen 50 und über 100 Euro pro Mokkatasse mit Unterteller. Auch hier gilt das türkische Sprichwort: *„Wer das Geld hat, darf mit der Trompete blasen."* Aber niemand hält Sie vom Handeln ab. Feilschen Sie ruhig! Sagen Sie, was Sie bereit sind, für diese Mokkatasse auszugeben. Feilschen ist eine kluge Form von Einkauf, aber auch Verkauf. Im Orient ist dies aus dem Alltag nicht wegzudenken. In Europa ist es mittlerweile auch alltäglich. Auf Flohmärkten und in Trödelläden sowieso. Im Orient bietet man grundsätzlich die Hälfte des Preises an und besteht drauf, keinen weiteren Cent zu zahlen. In Europa empfinden die Menschen es als unverschämt, wenn die Hälfte des Preises geboten wird. Ich halte mich stets an mein Bauchgefühl. Außerdem sage ich manchmal den Verkäufern, dass mein Herz auf keinen Fall an käuflichen Dingen hängt. Damit stelle ich von Anfang an klar, dass ich mitten im Handel, wenn mir danach ist, auf den Kauf, und das ohne mit der Wimper zu zucken, verzichten kann. Das klingt sehr arrogant, macht aber nichts. Übung macht den Meister, und wenn man dabei lächelt, dann ist das gar nicht so arrogant, wie es sich anhört. Es ist ein sehr klares, deutliches Zeichen an den Verkäufer, dass ich für seine Mokkatasse nicht bereit bin, im Dreieck zu springen. Das mache ich nämlich erst danach, wenn ich um die Ecke von seinem Laden abgebogen bin. Bieten Sie zum Beispiel bei einer Mokkatasse, die 20 Euro kosten soll, 12 Euro. Entweder geht der Verkäufer darauf ein oder er sagt Ihnen, dass unter 17 Euro nichts drin ist. Dann bieten Sie ihm 14 Euro an. Nun erzählt der Verkäufer (wenn er klug ist), dass seine Mokkatasse ganz besonders ist (natürlich ist sie das, sonst hätte sie Ihnen ja nicht gefallen). Dann sagen Sie: „Na gut, letztes Wort 15 Euro." Wenn diese Tasse die Ihre sein soll, dann werden Sie sie bekommen. Stellt sich der Verkäufer quer, dann sollten sie nicht traurig sein, gehen Sie einfach weiter, denn das, was zu Ihnen gehört, was wirklich in Ihrem Leben für Sie allein sein soll, das wird auch ohne Schwierigkeiten zu Ihnen „kommen".

Mit den gesparten 5 Euro gehen Sie zum türkischen Obst- und Gemüsehändler und kaufen sich für 3 Euro ein 100-Gramm-Päckchen Mokka.

Mit den noch übrigen 2 Euro gehen Sie am besten zum nächsten Blumenladen. Dort suchen Sie sich eine Blume für einen Miniblumenstrauß aus. Sagen Sie dem Blumenhändler, dass er 2 Euro kosten darf. Gehen Sie (hoffentlich nun lächelnd) nach Hause. Stellen Sie die Blumen in eine kleine Vase. Spülen Sie die neue Mokkatasse und den Unterteller. Lesen Sie die Anleitung zum Mokkakochen und legen Sie los.

Ich gehe davon aus, dass Sie das Mokkakännchen schon vorher besorgt hatten! Aber wenn nicht, dann kaufen Sie es entweder in einem Haushaltswarengeschäft, auf dem Flohmarkt oder in einem südländischen Geschäft. Es gibt eine Auswahl aus Emaille, Kupfer oder Edelstahl. Das Allerwichtigste ist, dass das Mokkatöpfchen handlich sein muss. Der Griff muss sicher in der Hand liegen, damit Sie den heißen Mokka nicht verschütten. Bei den Mokkatöpfchen achtet man eher auf die Funktionalität als auf das Muster. Wenn Sie ein Mokkatöpfchen finden, dass handlich und auch noch schön dazu ist, dann ist es das ihre! Ein einfaches aus Emaille funktioniert gut und ist günstig. In Europa werden die meisten Edelstahlmokkatöpfchen hergestellt. Diese Edelstahltöpfchen kochen auch einen guten Mokka. Das Design eines Edelstahltöpfchens ist eher modern, aber die Griffe sind leider nicht immer gut bedacht. Ich gehe davon aus, dass sich die Designer von großen Edelstahltopfproduzenten in Europa selbst noch nie einen Mokka in ihren Mokkatöpfchen gekocht haben. Denn hätten sie Erfahrung damit, wären solche unhandlichen Griffe, wie zwei dünne Stäbchen, die parallel zueinander verlaufen, nicht zustande gekommen. Meine Oma würde dazu sagen: „Al, kafasına vur", das so viel bedeutet wie: „Nimm das Ding und schlag es ihm auf den Kopf."– Recht hat sie!

Dann gibt es die Kupfertöpfchen. Diese sind meistens aus den orientalischen Ländern. Viele sind schlicht mit einem Holzgriff und andere sind verziert. Sie sehen gut aus und kochen auch guten Mokka. Da aber in vielen dieser Länder eher mit der „Teetrinkermentalität" („Wenn nicht heute, dann morgen, mach es so gut wie möglich, das reicht dann schon, wieso soll das Töpfchen nicht gut sein, noch nie hat sich ein Kunde beschwert …") gearbeitet wird, muss man die Kupfertöpfchen auf der Bodenseite kontrollieren. Stellen Sie das Mokkakännchen hin und berühren es leicht: Wackelt es, weil es unten nicht glatt aufliegt, machen Sie das, was meine Oma gemacht hätte! Nein, aber wenn Sie dann ein „gutes" gefunden haben, das auf dem Boden glatt aufliegt, sagen Sie dem Verkäufer, dass Sie nun so lange zwischen seinen 17 schiefen Töpfchen suchen mussten, um ein „halbwegs gescheites" zu finden, und bieten Sie ihm dann die Hälfte des Preises an.

Falls Sie oder Ihre Freunde Urlaub in Ägypten, Tunesien, Marokko, Griechenland, der Türkei oder auch in anderen Ländern, wo das Mokkakochen zum Alltag gehört, Urlaub machen, dann besorgen Sie sich dort auf einem *„Bazar"* für 5 bis 10 Euro Ihren nächsten Mokkatopf. Suchen Sie sich dort, wo Sie sehr viel mehr Auswahl an verschiedenen Größen, Formen und Farben haben, Ihr ganz spezielles, „für Sie allein" gemachtes Mokkatöpfchen aus. Aber Achtung! Falls es ein besonderes Schnäppchen war, springen Sie, auch wenn Sie bereits um die Ecke gebogen sind, niemals vor Freude im Dreieck! Der nächste Verkäufer, der Sie dabei sieht, ist höchstwahrscheinlich der Cousin von dem Mokkatopfverkäufer, bei dem Sie soeben gekauft haben. Das wäre dann bei der Familie des Verkäufers „das Gesprächsthema" überhaupt, jedenfalls für die nächsten Wochen. Da würde es heißen: „Wir verkaufen so günstig, dass die Fremden vor Freude sogar mit Mokkatöpfen tanzen!"

Man kann sich ein Set von Mokkatassen kaufen, sodass man vier bis sechs Stück immer zu Hause hat. Auch wäre es möglich, Mokkatassen nach Farben auszuwählen und verschiedene Modelle selbst zusammenzustellen. Sie können nach Rottönen suchen und diese dann für Fragen nehmen, die die Liebe betreffen. Oder Sie wählen blaue Farbtöne und nehmen diese für Ihre Lebensthemen. Mit Rosa (eher selten zu finden) kann man die freudigen Themen behandeln. Grüne Mokkatassen stehen für berufliche Ziele und Fragen. Welche Farbe Sie auch wählen: Entscheiden Sie selbst, welche Tassenfarbe zu welcher Thematik passt. Ich entscheide mich zum Beispiel nicht nach der Thematik, sondern danach, welche Farbe mir heute ganz besonders gefällt und mich fröhlicher stimmt.

Ich bin, was mich betrifft, sehr eigen. Unter den vielen schönen Mokkatassen, die ich habe, gibt es eine, die nur ich benutze. In dieser Mokkatasse serviere ich den Mokka nur mir selbst – und keinem Gast. Es hat viele Jahre gedauert, bis ich diese Tasse gefunden habe. Und jetzt, seitdem sie bei mir ist, freue ich mich jeden Tag, dass sie nur mir allein gehört. Dieser Gedanke ist keineswegs lächerlich. Sie ist mein Gegenstück aus Porzellan und sie spiegelt mir auch mein „Innenleben" wider. Oder sagen wir es mal so: Wie schon erwähnt, hängt mein Herz nicht an gekauften Gegenständen. Das stimmt so, bis auf einige wenige Ausnahmen. Und eine dieser Ausnahmen ist diese Tasse. Würde jemand diese Tasse hinfallen lassen, wäre ich sauer; würde ich sie fallen lassen, wäre ich nicht sauer, aber traurig. Als ich meine Tasse zum ersten Mal sah, hatte ich vor lauter Aufregung größeres Herzklopfen als bei meiner eigenen Hochzeit. Anders kann ich es nicht beschreiben. Ich wäre auch bereit gewesen, sehr viel Geld dafür zu zahlen – ohne zu feilschen. Das musste ich nicht, weil ich wusste, dass diese Tasse nur für mich gemacht worden war, für mich sein sollte und mir gehören würde. Ich habe sie ersteigert. Was ich hier beschreibe, ist nichts anderes als die Antwort auf die Frage: „Wenn Sie weggehen müssten und nur einen einzigen Koffer mitnehmen dürften, was wäre da drin?" In meinem Koffer wären nur einige wenige Dinge drin. Aber ganz bestimmt diese und zwei weitere Mokkatassen, die ich besonders mag. Also, suchen Sie sich eine Mokkatasse, die nur für Sie allein bestimmt ist. Eine, die zu Ihnen passt, die Ihnen so gut gefällt, dass sie Sie ein Leben lang begleitet und Ihnen gute Dienste leistet! Vieles im Leben kommt und geht auch wieder. Auch Freunde und Bekannte können kommen und gehen. Und wenn es einem nicht so gut geht, dann zeigt die Realität das wahre Gesicht der Freunde und Bekannten. Aber, wer auch geht und Sie in Ihrer Situation alleine zurücklässt, Ihre schöne Mokkatasse wird bleiben und Sie in jeder Situation mit Ratschlägen aus dem Kaffeesatz begleiten! Und ich gehe noch ein Stück weiter und sage sogar, dass eine Mokkatasse viel mehr für das Selbstwertgefühl tun kann als eine schäbige Freundschaft oder ein desinteressierter Familienangehöriger. Suchen und finden Sie die ihrige und wenn Sie sie gefunden haben, passen Sie gut auf sie auf und geben Sie diese nicht mehr her.

Die Zubereitung von Mokka

Rezept für 2 Personen:

Wir benötigen:

1 Mokkatöpfchen (ein kleines für 2 Personen)

2 Mokkatassen mit Unterteller

1 Mokkalöffel (zum Abmessen von Mokka & Zucker)

1 Päckchen türkischen Mokka (100 g)

1 bis 2 Mokkalöffel Zucker pro Tasse, je nach Geschmack

Kaltes Wasser (evtl. stilles Mineralwasser)

Stellen Sie das Mokkatöpfchen auf die Kochstelle und fügen Sie Folgendes hinzu:

1   volle Mokkatasse kaltes Wasser pro Person

1 ½   leicht gehäufte Mokkalöffel Mokkapulver pro Person

1 ½   Mokkalöffel Zucker pro Tasse (je nach Geschmack; ich empfehle diese Menge)

Tipp

Zum Abmessen nehmen Sie die Wassermenge immer mit der Tasse, aus der man später trinken wird. Wenn Sie verschiedenartige Tassen verwenden, müssen Sie das Wasser mit jeder Tasse einzeln abmessen. Sonst haben Sie später eventuell zu wenig Kaffee.

Rühren Sie nun den Kaffee und den Zucker im kalten Wasser mit dem Mokkalöffel um, bis sich alles vermischt hat. Dann schalten Sie die Kochfläche auf eine mittlere Stufe ein.

Wenn der Mokka anfängt warm zu werden (das hören Sie durch ein leichtes Knattern und Rauschen aus dem Mokkatöpfchen), rühren Sie den Mokka ein wenig um, bis sich der Zucker vollständig aufgelöst hat, und beobachten Sie dann das Mokkatöpfchen!

**Sie dürfen nicht vom Herd weggehen!
Der Mokka wird sonst definitiv überkochen.**

Damit der feine Schaum entstehen kann, muss der Mokka aufkochen, aber gerade in dem Moment, wenn der Schaum sich nach oben wölbt, müssen Sie das Töpfchen hochheben.

Lassen Sie den Herd weiterhin an, stellen Sie das Töpfchen auf eine kalte Kochstelle am Herd ab und rühren Sie nur einmal den Mokka mit dem Löffel um.

Nehmen Sie danach mit dem Mokkalöffel den eben entstandenen Schaum Löffel für Löffel weg und verteilen Sie diesen in die Mokkatassen. Ist der Schaum gleichmäßig in den Tassen verteilt, stellen Sie das Mokkatöpfchen mit dem Mokka wieder auf die heiße Platte.

Aber Achtung! Halten Sie den Stiel fest, denn gleich kocht er wieder auf!

Nun schütten Sie vorsichtig den Mokka bis zur Hälfte in jede Tasse, sodass jede Mokkatasse halb voll ist. Stellen Sie das Töpfchen wieder auf die Kochstelle, lassen Sie den Mokka ein letztes Mal aufkochen. Dann schwenken Sie das Mokkatöpfchen leicht, sodass der verbliebene Kaffeesatz sich noch einmal im Mokkatöpfchen verteilt, und dann geben Sie den Rest gleichmäßig in die Tassen. Stellen Sie die Tassen auf ihre Unterteller und fertig ist Ihr Mokka!

Tipp

Hat eine Ihrer Tassen zu wenig Schaum abbekommen, dann nehmen Sie vorsichtig von einer Tasse, die mehr Schaum hat, mit dem Mokkalöffel ein wenig davon weg und tauchen den Löffel in die zweite Tasse „in die kahle Stelle" ein, dann werden beide Tassen schön aussehen und schmecken!

Dies ist zwar eine Mogel-Aktion, aber auch „für die Ehe reife oder gar überreife" Frauen wenden diesen Trick an solchen Missgeschickstagen gerne an.

Das Servieren:
Auch das will gelernt sein!

Servieren Sie den Mokka stets zuerst Ihrem Gast! Die Tradition sagt auch: Der meiste Schaum geht an den Besuch!

Stellen Sie Ihre Tasse erst einmal für ungefähr eine Minute ab. Südländer trinken zwar sofort, aber Europäer sind derart heiße Getränke nicht gewöhnt. Nach wenigen Minuten hat sich der Satz nach unten gesetzt. Nun können Sie mit kleinen, vorsichtigen Schlucken Ihren Mokka genießen.

Trinken Sie den Mokka immer von derselben Stelle der Tasse, das heißt, dass Sie Ihre Lippen beim Trinken immer an der gleichen Stelle ansetzen müssen.
Lehnen Sie sich ruhig in einem bequemen Sessel zurück und genießen Sie jeden einzelnen Schluck, bis Sie zum Satz kommen.

Geübte Mokkatrinker bekommen nie den Kaffeesatz in den Mund. Ungeübte, fleißige Trinker merken manchmal nicht, wann „Schluss" ist. Daher ist es ratsam, zusammen mit dem Mokka jedem Gast ein kleines Glas stilles Wasser zu reichen.

Da wir den Kaffeesatz zum Lesen und Deuten brauchen, muss er im warmen Zustand in der Mokkatasse übrig bleiben! Wenn Sie noch ca. ½ cm Kaffeesatz mit ganz wenig Mokkaflüssigkeit in der Tasse übrig haben, kommen wir nun zum Umdrehen der Tasse, und dies geht so:
==Wünschen Sie sich etwas, oder denken Sie an den Menschen, an den Sie denken möchten, oder denken Sie nur an sich selbst und Ihre Zukunft.==

Das Kaffeesatzlesen beginnt

Nun nehmen Sie den Unterteller und legen ihn umgedreht auf die Mokkatasse. Greifen Sie mit den Fingern beider Hände den Unterteller an den Seiten und halten Sie gleichzeitig mit den Daumen die Mokkatasse an ihrem Boden fest. Drehen Sie die Tasse samt Unterteller um, und stellen Sie den Unterteller mit der umgedrehten Mokkatasse zum Auskühlen auf einem Tisch ab.

Man sagt auch, dass die Tasse (bzw. der Kaffeesatz) mehr über das Innenleben des Ratsuchenden aussagt, wenn man die Tasse mit dem Unterteller in Richtung seines Körpers dreht und auf einem Tisch „zum Ruhen" vor ihn stellt. Dreht man die Tasse nach außen, also weg vom Körper, wird der Kaffeesatz eher das, was noch kommen wird (die Zukunft) vorhersagen.

Ich persönlich drehe die Tasse nach Lust und Laune, mal nach innen, mal nach außen. Auch drehe ich die Tasse meist mit Schwung, ohne zu kleckern, direkt auf den Unterteller. (Das ist die Version für Geübte). Auch Sie werden mit der Zeit Ihren eigenen Stil finden.

Alternativ hierzu können Sie die Tasse auch mit einem geübten Schwung einfach auf den Unterteller umdrehen. Bei Ungeübten kann hier manchmal etwas

Kaffeesatz ausfließen oder danebengehen. Daher ist die erste Variante am Anfang sicher empfehlenswerter. Es sei denn, Ihre Tapete, Ihre Tischdecke oder Ihr Teppich ist Ihnen egal, dann geht auch die zweite Version von Anfang an.

Nachdem die Tasse erfolgreich auf den Mokkateller umgedreht wurde und nun auf einem Tisch zum „Ruhen" steht, ziehen Sie, falls Sie einen Ring an der Hand tragen, diesen aus und legen Sie diesen auf den Boden der Mokkatasse. Falls Sie keinen Ring tragen, legen Sie ein Geldstück (Münze) auf die Tasse. Dies hat zweierlei Wirkung: Der Ring bzw. das Geldstück trägt dazu bei, dass die Tasse schneller abkühlt. Eine alte Weisheit des Kaffeesatzlesens besagt aber auch, dass das Metall dabei hilft, eventuelle Schwierigkeiten und schlechte Nachrichten zu „erleichtern".

In der Regel dauert es ungefähr zehn Minuten, bis eine Tasse abgekühlt ist. Man sollte eine Tasse, die noch warm ist, nicht zum Zukunftsdeuten öffnen. Der Kaffeesatz braucht diese Zeit, um Geschichten an die Wand der Mokkatasse zu „schreiben". Die Tasse sollte daher nicht verrückt, verschoben, oder gar immer wieder angefasst werden. Man soll den Mokka trinken, sich etwas wünschen (oder an einen anderen Menschen, oder an sich selbst und die eigene Zukunft) denken, die Tasse umdrehen, ein Geldstück oder einen Ring drauflegen und sie ruhen und abkühlen lassen.

In der Zeit des Osmanischen Reiches war es Tradition, ein kleines Goldstück auf die umgedrehte Mokkatasse zu legen. Der Kaffeesatzleser hielt dann die abgekühlte Tasse samt dem Goldstück in seiner Handinnenfläche, mit der er die Tasse umfasste und den Tasseninhalt deutete. Das kleine Goldstück blieb hierbei so lange unter der Tasse in der Handinnenfläche, wie die Deutung andauerte. Nachdem die Zukunftsdeutung beendet war, steckte sich der Kaffeesatzleser das Goldstück als Bezahlung in seine Tasche. Somit war die gegebene Energie (das Lesen) mit Gegenenergie (das kleine Goldstück) beglichen.

Das Öffnen und Deuten der Tasse

Dies ist eine sehr persönliche Angelegenheit. Menschen, denen Sie sonst auch nicht gerne über den Weg laufen, sollten Sie nie erlauben, in Ihre Mokkatasse zu schauen. Die gegenseitige Sympathie zwischen Mokkatrinker und Mokkasatzleser ist ein absolutes Muss.

Sehr wichtig ist auch, dass man sich nicht selbst aus der eigenen Mokkatasse die Zukunft deuten sollte.

Am schönsten ist es, wenn zwei oder mehrere Freundinnen sich treffen und einen netten Nachmittag oder Abend miteinander erleben. Die Krönung ist dann natürlich das gegenseitige Lesen des Kaffeesatzes.

In einer Gruppe stellt man sehr schnell fest, wer von den Teilnehmenden die meiste Begabung im „Sehen und Deuten" hat. Das Schicksal dieser Person nimmt ab diesem Moment seinen Lauf, denn Einladungen werden in der Zukunft sicher öfters folgen.

Man sagt, dass – während man den Mokka trinkt – die Gefühle, Ängste, Sorgen, Gedanken, Pläne, Hoffnungen, Seelenthemen, unerkannten Chancen, aber auch das Schicksal oder unsere Zukunft in den Kaffeesatz „einfließen". Denn der wahre Grund des „Lesens" ist doch, dass wir in unserem Leben, im Hier und Jetzt, stets Klarheit und eine Art Beruhigung suchen.

Denn wenn wir im Voraus von bestimmten Dingen wissen, können wir uns darauf vorbereiten und müssen vor dem Ungewissen keine Angst mehr haben. Aber noch wichtiger ist es, das Wissen so einzusetzen, dass wir nicht nur (hilflos) auf die Zukunft zu warten brauchen, sondern mithilfe des Rates aus der Mokkatasse unsere Zukunft heute schon gestalten können.
Man nehme seine Seele, befrage sie, lese die Antwort aus der Tasse und staune über die Zukunft.

Ich persönlich trinke seit etwa 30 Jahren Mokka und finde jede Lesung aufs Neue sehr spannend. Das ist eines der wenigen wiederkehrenden Ereignisse in meinem Leben, von denen ich mit Sicherheit sagen kann, dass es mich bis heute niemals gelangweilt hat. Für eine Tasse Mokka und eine Lesung danach verzichte ich auch auf einen guten Film, denn: Dies ist der Film meines Lebens! Und was könnte interessanter sein? Es siegt doch immer die Neugier, also fangen wir damit an!

Das Lesen beginnt ...

==Der Kaffeesatzleser oder die Kaffeesatzleserin sollte das Licht (ob Tageslicht oder andere Lichtquelle) stets hinter sich, also im Rücken haben!== Eine bestimmte Uhrzeit zum Kaffeesatzlesen gibt es nicht. Manche Menschen sagen zwar, man solle sich erst ab dem späten Nachmittag bis zum späten Abend mit dem Kaffeesatzlesen beschäftigen. Doch es heißt nicht unbedingt, dass andere Tageszeiten unpassend wären. Einen Mokka gönnt man sich immer dann, wenn einem danach ist – und die Mokkatasse danach nicht umzudrehen, wäre sehr schade.

Das Öffnen der Tasse

Der Kaffeesatzleser nimmt die „kalt" gewordene Mokkatasse mit dem Untertasse vom Tisch, hebt die Tasse hoch und dreht sie um. Den eventuell noch aus der Tasse herausfließenden Satz lässt man in die Mitte des Tellers heruntertropfen, nimmt sich zuerst die Tasse zum Deuten in die Hand und stellt den Untertasse für die spätere Deutung zur Seite.

Der Kaffeesatz auf dem Tassenboden

Zuerst schaut man immer in die Mitte, auf den Boden der Mokkatasse. Dort sieht man mit einem Blick den Zustand, in dem sich die Person befindet. Ist die- oder derjenige, dem die Tasse gehört, traurig, depressiv oder voller Sorge, dann hat sich dort sehr viel Kaffeesatz angesammelt und festgesetzt. Ist der Rand der dunklen und vollen Mokkatassenmitte jedoch hell, dann wird die Situation schon sehr bald besser werden.

Es kann auch sein, dass sich der Kaffeesatz in der Mitte nicht nur angesammelt hat, sondern auch wie ein dicker Punkt hochsteht. Das kann bedeuten, dass Traurigkeit und Depression auf ihrem Höhepunkt sind.

Tipp

Ich sehe generell erst einmal auf den Tassenboden, dann schaue ich ganz allgemein, und zwar zuerst einmal auf die „ins Auge stechenden" Symbole. Diese sind so deutlich, manchmal wie von Hand gemalt, dass man sofort das Gefühl bekommt, dass sie „unbedingt gesehen werden möchten".

Die Wand der Mokkatasse

Schauen Sie sich alle, wirklich alle, auch die winzigsten Symbole an, und zwar aus jedem möglichen Winkel. Dabei sollten Sie nicht stur von rechts nach links oder von unten nach oben schauen, sondern die Tasse, wenn es sein muss, auch umdrehen und verkehrt herum reinschauen. Damit ist gemeint, dass Sie auch einen Blick von der Seite in die Tasse werfen sollten. So werden Sie noch mehr Symbole erkennen und das Deuten, also die „Nachrichten aus der Tasse", zu einer sehr persönlichen und individuellen „Geschichte" gestalten können.

Um eine Zeitangabe, wann etwas eintreten wird, machen zu können, muss man sich am Tassengriff orientieren.

Der Tassenhenkel wird – gegen den Urzeigersinn gesehen – als Anfang des Jahres, und wenn man einmal rundherum gedeutet hat, als Ende des Jahres gedeutet. Halten wir die Tasse in der Hand, lesen und deuten wir von rechts nach links, wenn es um die Zeitangabe geht. Das heißt, dass die Jahresmitte (der Juni) direkt gegenüber dem Henkel angezeigt wird.

Wenn Sie die Tasse so halten, dass der Henkel auf Ihren Brustkorb hindeutet, sind rechts vom Henkel die Monate Januar, Februar usw. bis direkt gegenüber dem Henkel, dort ist der Juni, dann folgen nach links der Juli, August usw., bis Sie wieder am Henkel (also im Monat Dezember) ankommen.

Der Unterteller

Nachdem die Mokkatasse vollständig gedeutet wurde, nimmt man den Unterteller, auf dem sich der restliche Kaffeesatz befindet, und hält ihn hochkant über die bereits „gedeutete" Mokkatasse. Nun lässt man den Satz vom Teller in die Tasse laufen und wartet geduldig, bis der letzte Rest „abgeflossen" ist. Danach deutet man den Unterteller.

Bei dem Unterteller schaut man zuerst von vorne, also an der Stelle, an der man den restlichen Kaffeesatz, nachdem man die Tasse gedeutet hat, in die bereits gedeutete Mokkatasse hat hinabfließen lassen. Aber danach dreht man beim Deuten den Teller so, wie man es möchte, also ein Mal rundherum. Dabei schaut man auch auf Symbole, die verkehrtherum zu erkennen sind.

Es geht nicht darum, eine „sture Deutung" vorzunehmen, sondern so viele Symbole wie möglich in der Deutung selbst zusammenzubringen.

Das Wasserritual – der Abschluss des Lesens

Nachdem alle Symbole aus der Mokkatasse und dem dazugehörigen Unterteller gedeutet sind, muss über jede Tasse und jeden Teller Wasser fließen!
Am besten bringt man beides nach dem Lesen zum Spülbecken, stellt es in die Spüle und lässt so lange Wasser darüberlaufen, bis nichts mehr vom Kaffeesatz zu sehen ist.

Bitte beachten Sie dieses Ritual und lassen Sie niemals Tassen und Teller, aus denen eine Deutung vorgenommen wurde, über Nacht stehen.

Es gibt einen guten Grund hierfür.
Waren die Nachrichten gut, wird durch das Wasser, das über die Tasse und den Teller läuft, alles Vorhergesagte noch schneller eintreten.
Waren die Nachrichten weniger gut, hilft das Wasser, die sorgenvollen Nachrichten schneller zu entkräften!

Die festklebende Tasse

Früher oder später werden auch Sie versuchen, eine Tasse zu öffnen, und diese wird am Teller festkleben. Dies hat eine ganz besondere Bedeutung: Man sagt, dass solch eine Tasse kein Kaffeesatzlesen mehr benötigt, da alles, was sich der Trinker gewünscht und erhofft hat, sowieso bald in Erfüllung geht!

Und deshalb bleibt die Tasse zu.

Da aber nicht nur Südländer, sondern mittlerweile wohl auch Nordeuropäer neugierige Menschen sind, und niemand, der/die an einer Kaffeesatzlesung teilgenommen hat, traurig nach Hause gehen will, (weil man eventuell doch etwas verpasst haben könnte), öffnen Sie die Tasse und befriedigen seine oder ihre Neugier eben doch.

Aber achten Sie hierbei auf Ihre Kleidung! Die Tasse „wehrt" sich natürlich gegen das Öffnen, weil ja offiziell alles in bester Ordnung ist, und wird Ihnen etwas Kaffeesatz auf die Hand oder möglicherweise auf Ihre

Kleidung spritzen. Halten Sie am besten ein Taschentuch bereit. Oder seien Sie eben doch so tapfer wie ich, und lassen Sie die Tasse voller Zuversicht eben geschlossen.

Wie Sie das handhaben möchten, sei Ihnen überlassen.

Aber auch über diese Tasse und diesen Teller muss zum Abschluss, auch wenn nicht daraus gelesen wurde, Wasser laufen. Daher wird es Ihnen niemand verübeln, wenn Sie vielleicht doch „heimlich" einen klitzekleinen Blick in die Tasse werfen, wenn Sie sie am Spülbecken öffnen, und dann erst das Wasser darüberlaufen lassen, bis man wirklich keine Symbole mehr erkennen kann.

Die Erfahrung zeigt, dass Männer diese Regel befolgen, wenn man sie ihnen erklärt. Die Frauen können jedoch ihre Neugier kaum unter Kontrolle halten. Und daher kenne ich diese Situation, wo so einige Damen plötzlich mit ihrer geschlossenen Tasse in Richtung Küche eilen und nach einer Minute grinsend in die fröhliche Runde zurückkehren, und natürlich den anderen erzählen, dass sie wirklich nicht hineingeschaut hätten. Nein wirklich nicht, sie haben lediglich die Tasse geöffnet und ohne hinzuschauen, ja wirklich, einfach den Wasserhahn aufgedreht.

Die Deutung der Symbole – Die Kunst des Kaffeesatzlesens

Bevor Sie die Bedeutung der Symbole durchlesen, sollten Sie sich zuerst die Bilder in der Mokkatasse anschauen. Je länger man sich mit den Bildern selbst beschäftigt und sie bewusst anschaut, umso mehr „Miniaturgeschichten" nimmt man darin wahr.

Um das Ganze spielerisch zu gestalten (darin liegt die Leichtigkeit des Lesens und Deutens), sollte man erst schauen, welche Symbole man in welcher Reihenfolge entdeckt! Mit Reihenfolge ist die Jahreszeit gemeint.

Erinnern Sie sich daran: Am Henkel fängt das Jahr an; man schaut von rechts nach links. Direkt gegenüber dem Tassenhenkel ist die Jahresmitte, also der Juni.

Eine Einzeldeutung der Symbole ist mit der folgenden Auflistung zwar möglich. Aber Sinn und Zweck des Lesens ist es, immer auch die Symbole nebendran, darüber und darunter zur Deutung „in einem

Stück" einzubeziehen, also eine kleine „Geschichte" entstehen zu lassen.

Sie werden mit der Deutung einer Tasse immer besser und kreativer werden. Auch hier gilt: Übung macht den Meister. Ich lasse Sie aber nicht allein, Sie können anhand der Beispielfotos sehen, wonach Sie schauen müssen, wie man auch winzige Symbole gut erkennen kann, die nicht sofort eindeutig erscheinen, aber eben doch da sind und unbedingt gedeutet werden sollten.

Je öfter Sie sich unterschiedliche Tassen von verschiedenen Personen anschauen, desto mehr werden Sie feststellen, dass (auch wenn der Mokka in demselben Mokkatöpfchen zubereitet worden ist) der Kaffeesatz von jedem Trinker einzigartig und niemals identisch mit dem eines anderen Trinkers sein wird.

Wenn Sie dann Themen unter den Symbolen entdecken, die genau zu dieser Person und deren Leben passen, werden Sie erkennen, wie individuell das Kaffeesatzlesen ist. Je mehr sich Ihre Augen an das schnelle Erkennen von Symbolen gewöhnen, umso besser werden Sie mit der Zeit diese auch deuten können.

Beispiele für das Deuten

Beispiel 1:
Das „Schaf" in Verbindung mit einer „Giraffe"

Steht zum Beispiel ein „Schaf" (siehe Schaf als Symbol in der alphabethische Liste) am Teller- oder Tassenrand, ist der Rand ein Zeichen dafür, dass ein durchaus gutmütiger und sanfter Mensch sich vom Geschehen ausgeschlossen fühlt. Denn sonst wäre ja dieses „Schaf" nicht am Rand, sondern mittendrin.

Steht aber auch eine „Giraffe" in der Nähe, dann kann man sagen, dass diese Person sich nicht nur ausgeschlossen fühlt, sondern eine Art Ohnmacht durchlebt, weil eine Trennung vom Partner aktuell sein könnte (siehe alphabethische Liste).

Beispiel 2: Ein „Kopf" (ohne Körper) wird in einer Hand hochgehalten oder ist auf einem Stock aufgespießt.

Oft werden Sie auch einen Kopf (ohne Körper) auf einem Stock „aufgespießt" erkennen. Es kann durchaus sein, und in 90 Prozent aller Deutungen ist es so, dass eine Person den Stock in der Hand oder sogar triumphierend in die Luft hält.

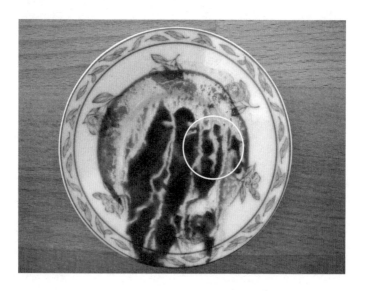

Schauen Sie sich das Gesicht des aufgespießten Kopfes an. Dann schauen Sie auch auf das Gesicht der Person in der Tasse, der oder die den Kopf triumphierend hochhält (siehe alphabetische Liste). Sie könnten beide dieser Personen erkennen.

Die Bedeutung ist nichts anderes, als dass beide Personen in einer Art Abhängigkeit zueinander leben.

Die Person, für die die Deutung stattfindet, oder aber deren Partner oder Partnerin könnte hier deutlich als „geköpft" oder „den Kopf triumphierend hochhaltend" erkannt werden. Das Symbol sagt hier aus, dass entweder der Mokkatrinker oder dessen Partner oder Partnerin sich noch nicht voneinander lösen konnten. (Dies können auch Ex-Partner sein!)

Danach sollten Sie auf jeden Fall in der Tasse und auf dem Teller nach Symbolen Ausschau halten, die für die Rat suchende Person als Lösungsmöglichkeit des Problems eine Unterstützung darstellen könnten.

Anmerkung

Dies ist ein brutal wirkendes Symbol, das man eher in einem schlechten Horrorfilm als im Mokkasatz erwarten könnte. Aber im realen Leben, im Hier und Jetzt, kann die Abhängigkeit oder Besessenheit von einer

Person auch „brutale" Zustände annehmen, weil es den Menschen, den es betrifft, der das gerade durchlebt, verletzt oder zumindest sehr belastet.

Ich habe dieses Symbol als Beispiel gewählt, weil es oft in Mokkatassen vorkommt. Ich wollte nicht, dass Sie vor lauter Schreck die schöne Mokkatasse an die Wand werfen. Bleiben Sie ganz ruhig, und deuten sie schön weiter.

Weitere Beispielfotos mit Symbolen

Personen mit Herz

Affe
Schuh

Katze

Was macht man, wenn man gar kein Symbol im Mokkasatz erkennt?

In wirklich seltenen Fällen gibt es Mokkatassen, die zwar von einer Person umgedreht wurden, in denen man aber fast nichts Lesbares finden kann. Jedenfalls sieht es nach „nichts und leer" aus.

Entweder geht es diesem Menschen so ausgesprochen gut, dass man nichts lesen muss. Oder diese Mokkatasse wurde vor dem Servieren – ohne den Mokka „gerecht" verteilt zu haben – als letzte Tasse aufgefüllt.
Aber wenn es stimmen sollte, dass es dieser Person einfach nur fabelhaft geht, dann belassen Sie es dabei, und sagen, dass für sie alles nur bestens ist und bestens bleibt. Falls diese Person aber doch noch offene Wünsche oder Fragen hat, dann kochen Sie natürlich einen neuen Mokka und servieren diesen.

Öfter kommt es jedoch vor, dass eine Mokkatasse geöffnet wird und man nicht in der Lage ist, überhaupt etwas zu deuten. Nur Geduld! Manche Mokkatassen sind schwieriger als andere, aber trotzdem lesbar. Die Symbole lassen sich mit Fantasie eben doch finden und deuten. Fragen sollte man sich allerdings, warum die Zeichen und Symbole so unklar „gekommen" sind. Ist das Leben dieser Person, die den Mokka getrunken und die Tasse umgedreht hat, auch so unklar? Meistens ist dies nämlich der Fall. Sind Menschen selbst in chaotischen Verhältnissen, ist ihr Mokkasatz auch nicht besser. Oft sind dies Mokkasätze, die sehr dunkel sind und im Verhältnis zu anderen Bildern sehr große, dunkle, fast undeutbare Symbole aufweisen. Ist in einem „normalen" Mokkasatz ein Symbol sehr klein und deutlich, ja fast wie von Hand gezeichnet, zu erkennen, so ist in der „schwierigen" Tasse fast alles überdimensional und an den Seiten des Symbols „verzerrt". Hier muss die Fantasie mit ins Spiel kommen. Denn ohne Fantasie und einen Blick für das Wesentliche kann man sich die „Verzerrung" nicht wegdenken und somit auch die Symbole nicht deuten, weil man sie als Symbol ja erst gar nicht erkennt. Für die Person, die den Mokka getrunken hat, kann das Frust bedeuten. Wenn zum Bespiel vier Personen zusammengekommen sind und gemeinsam Mokka getrunken haben, es aber zum Schluss nur drei „lesbare" Mokkatassen gibt, garantiere ich ein trauriges Gesicht in dieser Runde. Daher muss man sich mit dem schwierigen Mokkasatzbild am längsten und am gründlichsten beschäftigen, bis man ohne die „Verzerrungen" klarere Bilder und Symbole erkennt und daraus eine Aussage machen kann. Denn auch das, was einfach nur seltsam aussieht, hat Formen, und diese können und sollen auch gedeutet werden.

Es gibt auch ängstliche Menschen, die Schlimmes befürchten, und auch diese Angst vor dem Ungewissen während des Trinkens in den Mokkasatz „hineingeben". In diesem Fall braucht man sich dann nicht zu wundern, dass unklare Symbole „vorkommen".

Man sollte und muss keineswegs Angst vor dem Mokkasatz haben. Es kann nichts „drin" sein, was nicht bereits ein Thema in der Seele des Menschen ist. Auch Zukunftsaussagen sollten keine Angst machen. Denn es ist doch besser, durch Kenntnis der Thematik die Dinge selbst in die Hand zu nehmen, anstatt – durch Unkenntnis – mit dem Gefühl von Machtlosigkeit zu leben. Das Gefühl der Ohnmacht erzeugt mehr Angst als die Gewissheit, dass man noch verschiedene Möglichkeiten hat, die Dinge zu steuern und so zu verändern, dass es einem dadurch in seinem Leben gut bzw. besser geht als zuvor. Und genau das ist das Ziel aller Menschen.

Alphabethische Auflistung der Symbole und ihrer Bedeutung

Kurze Anleitung zur Auswahl der korrekten Symbole und erlaubte Abweichungen; Bedeutung von kleinen sowie großen Symbolen.

Ich wurde neulich gefragt, was es bedeutet, wenn eine Person bei demselben Symbol einen Delfin und die andere Person eine Forelle erkennt. Wie deutet man das? Ein Delfin ist sehr deutlich zu erkennen, aber falls Sie unsicher sind, dann schauen Sie unter der alphabethischen Liste bei „Fisch" nach. Ob es nun der eine oder andere Fisch ist – ein Fisch ist ein Fisch. Natürlich kann man zwischen Speisefischen und Raubfischen und auch Säugetieren im Meer unterscheiden, aber dann müssten wir auch anfangen, die Gräten zu zählen. Ich wiederhole noch einmal an dieser Stelle: Die Leichtigkeit des Deutens ist das A und O! Die Fantasie, aber auch der Blick für das Wesentliche, sind sehr wichtig.

Der Unterschied zwischen kleinen und großen Symbolen ist einfach zu erklären. Wenn ein Symbol einem extrem groß vorkommt, dann „will es" unbedingt gesehen werden! Es hat seinen Grund, dass es „auffällt". Viele, kleine Symbole „erklären" jedoch mehr. Ein einziges großes Symbol hingegen symbolisiert oft ein großes, schwieriges Thema des Fragestellers. Die beste Deutung ist trotz überdimensionaler Größe im Vergleich zu einer kleinen Mokkatasse, dass man das so groß abgebildete Symbol mit den kleineren, in der Nähe liegenden Symbolen zusammen deutet, denn dann erst ergibt sich ein ganzes Bild, somit ein ganzes Thema.

Das Lesen aus dem Kaffeesatz ist eine sehr alte Kunst. Die meisten der Symbole sind deshalb schon 500 Jahre alt. In der Zeit, als das Kaffeesatzlesen entstand, gab es noch keine Glühbirnen oder Straßenbahnen. Dennoch sind diese mit der Zeit hinzugekommen. Die Bedeutung dieser (modernen) Symbole entstand also durch „Wiederholungen" der Themen von Menschen, in deren Leben diese Themen sowie das neue Symbol hierfür in ihrem Kaffeesatz vorkamen. Je öfter sich das Symbol wiederholt hat und je mehr Kaffeesatzleser diese Themen mit dem dazugehörenden „modernen Symbol" bestätigen konnten, umso wahrscheinlicher wurde das Symbol für die jeweilige Deutung in der heutigen Zeit.

Deswegen dürfen diese hier auch nicht fehlen. Damit Sie, liebe Leserin, lieber Leser, es einfacher haben, habe ich die alten und modernen Symbole mit deren Bedeutungen in der folgenden alphabethischen Liste zusammengefasst.

www.schirner.com

Schirner Versand Katalog

Art.-Nr. 67324 € 18,90

ELFENKRAFT-KOCHBUCH

JEANNE RULAND · SABRINA DENGEL · DIANA HOCHSCHÜTTER

KOCHEN IM EINKLANG MIT DER NATUR

Raum für Ihre Anregungen

lesen, fliegen, landen

Schirner Verlag

Bitte ausreichend frankieren

Schirner Verlag
Elisabethenstraße 20 22
D 64283 Darmstadt

Name

Vorname

Straße

PLZ, Ort

Geburtsdatum

Telefon

Email

Alle Angaben werden vertraulich behandelt.

Bitte senden Sie mir:

☐ *den Schirner Versandkatalog*
☐ *den Schirner Verlag Newsletter (nur als Email*)*
☐ *den Schirner Seminare Newsletter (nur als Email*)*

* *kann jederzeit abbestellt werden*

Adler	Neue Möglichkeiten, aber auch eine andere Sichtweise der Dinge ermöglichen es Ihnen nun, gezielter auf Ihre Wünsche und Ziele hinzuarbeiten. Dies, aber insbesondere die neue Sichtweise, wird Ihnen Erfolg bringen.
Ameise	Ziele werden erreicht werden. Man muss jedoch aktiv sein oder werden, damit das Vorhaben gelingt.
Auge	Missgunst und Neid anderer sind ein Störfaktor im Leben. Man scheint dauernd unter Beobachtung zu stehen.
Auto	Sie werden geliebt und geachtet; verletzen Sie diese Menschen nicht.

Affe	Misstrauen – etwas könnte aus Ihrem Leben weggerissen werden; ein rücksichtsloser Mensch ist Ihnen (zu) nah.
Apfel	Eine finanzielle Quelle (auch eine staatliche) sprudelt überraschend schnell und bringt Ihnen Freude.
Arzt	Nach langer Zeit werden Sie sehr bald schon sorgenfrei sein. Sie können eine Art der Leichtigkeit ausleben und sich auch so fühlen.
Axt	Schon bald werden Sie in jeder Hinsicht sorgenfrei sein.

B

Baby
: Etwas, das Sie getan haben und das Sie auch bereuen, macht Sie traurig, aber es ist bereits geschehen.

Ballon
: Hören Sie auf, mit Freunden, Kollegen und/oder Ihrer Familie zu streiten. Schauen Sie in Ihre eigene Seele, um zu erkennen, wonach Sie selbst in Wirklichkeit suchen.

Baum
: Das äußere Erscheinungsbild ist unstimmig. Sie können und sollten sich mehr pflegen, auf Ihre Kleidung achten. Ein Baum oder Baumstamm symbolisiert auch das „Sich-zu-sehr-gehenlassen".

Balken
: Ihr Unterbewusstsein folgt Ihrem Bewusstsein nicht, denn das, was Sie sich vornehmen, scheint immer wieder fehlzuschlagen. Wovor möchte Ihr Unterbewusstsein Sie schützen oder auch warnen?

Bär	Wichtige Entscheidungen sollten stets gut durchdacht sein. Durchleuchten und überdenken Sie Ihre Entscheidungen von jeder Seite, bevor Sie diese treffen.
Bein	Passen Sie auf Ihre Sachen auf, denn in diesen Tagen könnte Ihnen etwas abhanden kommen.
Bett	Die Geburt eines Kindes.
Berg	Mit Geduld und nach einer langen Wartezeit erfüllen sich zuallerletzt doch Ihre wichtigsten Wünsche.
Biene	All Ihre Traurigkeit hat nun ein Ende.
Birne	Finanzielle Sicherheit.
Blatt	Ein alter Freund oder auch eine alte Freundin (Ex-Partner/in) lässt Ihnen „sehr nette" Nachrichten zukommen. Bevor Sie darauf reagieren, sollten Sie die Symbole, die neben dem Blatt in der Mokkatasse zu sehen sind, deuten.

Bohnen	Ein Zeichen für finanzielle Sorgen, Probleme finanzieller Natur.
Brille	Menschen in Ihrer Umgebung bereiten bewusst Schwierigkeiten und lenken diese auf Sie; seien Sie sich dessen bewusst.
Bulldogge	Sie sollten Menschen in Ihrer Umgebung nicht unterschätzen.
Braut	Ihr Glück steht bereits vor der Tür, öffnen Sie sie, indem Sie die Augen offenhalten und dem Geschehen mehr Beachtung schenken.
Brotlaib	Ohne dass Sie wirklich viel dafür tun müssen, kommt ganz von alleine Geld ins Haus.
Brust/Busen	Eine positive Nachricht wird Sie überwältigen. Eine seltene, große Freude tritt in Ihr Leben ein.

Brunnen	Das Thema Selbstmitleid ist störend im Leben; jedenfalls hindert es einen mehr, als dass es die Persönlichkeit fördert.
Brosche	Wenn das Symbol einer Brosche in der Mokkatasse auftaucht, hat dies zwei Bedeutungen: Macht und Geld. Es deutet aber hier auch auf eine Sucht in diesem Bereich hin. Eine Art Geld- und Machtgier, die sich zu einem Hauptthema im Leben des Erwachsenen entwickelt hat, deren Wurzeln jedoch in der Kindheit liegen.

D

Dach
: Ein Dach von einem Haus bedeutet Schutz. Sieht ein Dach wackelig oder sogar an einer Seite beschädigt aus, haben Sie mit Ihren Themen den Boden unter den Füßen verloren. Um den Schutz eines Daches zu genießen, sollten die sehr nahe liegenden, positiv zu deutenden Symbole sehr genau angeschaut werden. Dort findet man oft sehr schnell die Lösung für das Problem.

Damenschuh
: Eine Beförderung im Berufsleben oder ein ähnlicher Aufstieg mit Erfolg ist nun möglich.

Delfin
: Ein sehr gutes Vorhaben, gute Ideen, gute Möglichkeiten, eine sehr deutliche Verbesserung der Situation. Schauen Sie hier genau auf die Symbole in der Nähe des Delfins.

Dinosaurier	Sehr negative Menschen umgeben Sie, haben nur Schlechtes im Sinn, wünschen Ihnen nichts Gutes. Sind es sogar zwei Dinosaurier, ist es schon so, als ob Sie jemand verflucht hätte. Schauen Sie sich unbedingt die Gesichter von Personen an, die eventuell in der Nähe der Dinosaurier zu sehen sind. Falls keine Personen zu sehen sind, achten Sie auch auf die winzigsten Symbole in der Nähe. Diese können Ihnen beim Deuten helfen, um den Ursprung oder das Ursprungsthema zu erkennen.
Dreieck	Ein Dreieck weist auf eine Veränderung hin. Zeigt die Spitze nach oben, ist die Veränderung positiv. Zeigt die Spitze jedoch nach unten, dann ist die Veränderung als eher schlecht zu deuten; jedenfalls bringt die Veränderung dann keine Vorteile.

E

Elefant — Wohlhabende und/oder sich mit Ihren Themen auskennende Personen werden Sie in Ihrem Vorhaben unterstützen.

Elefantenzahn — Sie erhalten ein wertvolles Geschenk, das auch etwas mit Ihrer Zukunft zu tun haben könnte.

Engel — Es gibt mehr im Leben als das, was wir mit den Augen sehen. Schauen Sie die nahe darumherum liegenden Symbole und deren Bedeutung an, und deuten Sie das Thema, um das es geht. Nach dem Kaffeesatzlesen, wenn Sie wieder alleine sind, nehmen Sie sich Zeit und zünden Kerzen an. Sprechen Sie nun mit Ihrem Engel über das Thema in der Mokkatasse, das vorher gedeutet wurde. Wenn Sie nicht viel zu sagen haben, rufen Sie Ihre Engel einfach nur zu sich und erspüren

	die Antwort. Engelssymbole sind oft winzig, aber meistens sind drei oder vier Engel in einer Gruppe, zu erkennen.
Eisenbahn	Ihr Erfolg ist Ihnen in jeder Hinsicht sicher.
Esel	Um Ihre Ziele zu erreichen, müssen Sie sich mehr anstrengen, als Sie es bisher getan haben. Ohne fleißiges, eigenes Zutun werden Sie nicht viel erreichen. Werden Sie endlich aktiv!

Fahne/Flagge	Gute Nachrichten von einer Behörde und/oder Sie gewinnen einen Gerichtsprozess.
Fallschirm	Zu guter Letzt, nach langem Warten, kommt jetzt eine viel bessere Zeit auf Sie zu. Ihnen wird vieles leichter als vorher gelingen. Nutzen Sie diese Zeit gut.
Feige (Frucht)	Eine Person, die Sie lieben, wird Sie mit ihren Worten verletzen.
Feuer/Flamme	Dies könnte die Liebe Ihres Lebens sein. Halten Sie sie fest und genießen Sie diesen einzigartigen Zustand.
Feuerzeug	Falls das Feuerzeug bereits eine Flamme hat: große Gefahr. Falls keine Flamme am Feuerzeug zu sehen ist: gefährliches Vorhaben. Schauen Sie unbedingt auf die Symbole links, rechts, über und unter dem Feu-

erzeug, um die Gefahr genauer zu deuten. Ist es z. B. eine Reise, dann planen Sie um, fahren Sie einen Tag früher oder später als geplant ab, um der Gefahr auszuweichen.

Fenster

Eine Krankheit unter der Sie oder eine Person, die Ihnen nahesteht, leiden, geht sehr bald vorüber. Gesundheit folgt.

Fernglas

Sie warten bereits lange auf Resultate Ihrer noch unerledigten Angelegenheiten und haben keine Antwort auf Ihre Fragen. Es dauert noch einige Zeit, aber alles, was noch verwirrend ist, fügt sich zu Ihrem Gefallen. Haben Sie noch etwas Geduld.

Flasche

Ihre Geheimnisse sind bei Ihrer Freundin oder bei Freunden nicht sicher. Alles, ohne Ausnahme, wird weitererzählt.

Flugzeug

Sie durchleben eine Zeit mit vielen Hindernissen. In Kürze werden sich die Hindernisse auflösen.

Fuchs	Die Person, die Sie Freund/in nennen, ist ein Egoist oder eine Lügnerin. Schauen Sie sich diese Freundschaft etwas genauer an und bewerten Sie sie neu.
Fuß	Sie werden sehr bald jemandem eine große Hilfe sein.
Fledermaus	Ihre Ängste können Sie nun hinter sich lassen; die Angstthemen Ihres Lebens erledigen sich bald.
Fisch	Reichtum in Hülle und Fülle in sehr naher Zeit. Je größer „Ihr Fisch" in der Mokkatasse ist, umso mehr ist zu erwarten.
Fliege	Ein falscher Freund oder eine falsche Freundin ist in Ihrer Nähe. Das Wort „falsch" steht für unehrlich oder auch intrigant.
Frosch	Sie werden schon sehr bald eine wunderschöne Frau oder einen sehr gut aussehenden Mann kennenlernen.

Füller

Sie benötigen mehr Ausdauer in einer staatlichen Angelegenheit und müssen mehr für Ihre Belange tun, von alleine passiert nicht viel. Sie müssen aktiv werden und so lange bei der Sache bleiben, bis Sie erreichen, was Sie möchten.

G

Garnele
: Nach einer Einladung zu einem Fest oder Essen werden Sie überglücklich sein. Nehmen Sie in naher Zukunft alle Einladungen an, um es nicht zu verpassen!

Gehstock
: Sie werden eine sehr lukrative Tätigkeit ausüben und hierdurch einen sehr guten Verdienst erzielen.

Geige
: Ihr egoistisches Verhalten stört Ihr soziales Umfeld.

Geschenk
: Ein verpacktes Geschenk ist als Symbol sehr selten, aber wenn Sie es erkennen, bedeutet es, dass ein sehr guter, ein wirklich guter Lebensabschnitt beginnt, ein Neuanfang in der schönsten Form, die man sich nur wünschen kann. Ein sehr positives Symbol.

Getreide	Jede Getreidesorte steht für Reichtum. Sie sind finanziell unabhängig, oder Sie werden es sein.
Geld	Geld erkennen Sie nicht als Schein oder Münze, sondern als Klumpen. Dieser Klumpen befindet sich – immer! – am Tassenrand; er steht regelrecht von der Tasse ab. Und auch nach dem Öffnen der Tasse fällt er nicht herab, sondern bleibt als Kaffeesatzklumpen am Rand festhängen. Das ist Geld. Und es wird kommen. Und natürlich bedeutet auch die Größe des Klumpens die Menge des Geldes. Schauen Sie auch, wo es sich befindet, also in welchem Monat, um eine genaue Aussage machen zu können.
Geldbörse	Für eine Weile sollten Sie Ihre Vorhaben niemandem erzählen, auch Ihren engsten Freunden nicht.

Gewehr	Ihre Familie könnte sich in einer gefährlichen Situation befinden; achten Sie auf Gefahren von außen. Lassen Sie Kinder in dieser Zeit (schauen Sie, in welchem Monat sich das Gewehr in der Tasse befindet) nicht alleine in ein Schwimmbad oder an einen Badesee gehen. Das Gewehr bedeutet nicht, dass etwas Schlimmes passieren wird, es warnt aber davor, dass es eine gefährliche Zeit ist, in der sich die Familie befindet. Falls Sie einen „Raser" (der zu schnell Auto fährt) in Ihrer Familie haben, ermahnen Sie diese Person.
Giraffe	Ihre Beziehung ist in Gefahr. Es könnte eine Trennung bevorstehen. Wenn Sie Ihren Partner nicht verlieren möchten, ist es nun an der Zeit zu handeln! Falls Ihre Gefühle abgekühlt sind, lassen Sie den Partner nun gehen.
Glas	Dies ist das Symbol der gegenseitigen, tiefen und aufrichtigen Liebe.

Glocke	Falls die Glocke am oberen Tassenrand zu sehen ist, bedeutet dies die Wunscherfüllung in jeder Hinsicht. Fall die Glocke im unteren Bereich, in der Nähe des Bodens ist, haben Sie unrealistische Wünsche, die sich nicht erfüllen können. Überdenken Sie Ihre Haltung.
Glühbirne	Sorgenfreie, fröhliche Zeiten stehen Ihnen bevor.
Gürtel	Dies ist ein wichtiger Zeitpunkt für neue Lebensfreude. Eine neue, sehr schöne Zeit beginnt.
Grabstein	Verschiedene Krankheiten sind ein Teil Ihres Lebens. Sie ziehen Negatives an. Lösen Sie sich von Ihren negativen Gedanken und von Ihren Ängsten und passen Sie mehr auf Ihre Seele auf. Bis jetzt hat Ihre Seele viel zu viel gelitten, das muss schnellstens geändert werden.

H

Handschuh(e)	Eine Person, die Ihnen sehr am Herzen liegt, wird Sie bald besuchen. Es ergeben sich bereichernde Gespräche.
Hand	Ihre Neider werden bald nichts mehr zu sagen haben, Sie triumphieren in jeder Hinsicht, Sie werden über den Dingen stehen.
Handinnenfläche	Trennen Sie sich von Ihrer Sucht bzw. von Freunden oder Bekannten, die dasselbe Suchtthema haben, da Sie sich nicht gegenseitig aus der Sucht heraushelfen können, sondern nur gemeinsam die Sucht ausleben.
Handtasche	Geld wird unerwartet und plötzlich ins Haus kommen; jedoch steht die Handtasche auch für Ausgaben. Das bedeutet, dass es auch bald wieder fort sein wird, wenn Sie nicht auf Ihr Geld aufpassen.

Halbmond	Das Thema Glaube und/oder Religion wird immer wichtiger. Sie sollten sich mehr mit diesem Thema beschäftigen.
Halbschuhe	(siehe Sandaletten)
Hammer	Im Berufsleben stehen Ihnen schwere Zeiten bevor. Auch kann eine intrigante Person Ihre berufliche Situation stören. Außerdem sind viele Ihrer persönlichen Ziele völlig blockiert. Lösen Sie sich von diesen Blockaden.
Haus	Falls Sie über einen langen Zeitraum krank waren oder sehr belastende Sorgen hatten, werden Sie die Krankheit sowie die Sorgen nun endlich los.
Haselnuss	Sie betreiben Tratsch in übertriebenem Sinne. Sie sollten sich mehr auf Ihre eigenen Belange konzentrieren, um menschlich nicht noch oberflächlicher zu werden.

Heft/Buch	Wenn Sie keine Arbeit haben, finden Sie eine neue Arbeitsstelle. Wenn Sie Arbeit haben, erhalten Sie eine Gehaltserhöhung. Sie müssen es aber auch verlangen. Die Zeit hierfür ist reif und steht zu Ihrem Vorteil.
Herz	Das Herz steht für die Liebe. Jedoch muss man hier die umliegenden Symbole beachten. Ist z. B. ein Pilz in der Nähe, dann könnte dies einen Herzinfarkt anstatt Liebe bedeuten. Ist aber ein Kind oder das Meer/Wellen in der Nähe, oder Sie erkennen bereits das Profil einer Person, die Ihnen viel bedeutet, dann ist es Liebe.
Hexe	Ihnen wird Unrecht getan. Sie müssen dieser Person gegenüber eine klare Stellung einnehmen und sie/ihn zurechtweisen. Wenn Sie dieses Zeichen ignorieren, werden Ihnen noch weitere Menschen Unrecht tun.

Hirsch	Sie werden ein Kind bekommen – oder Sie werden sehr wohlhabend heiraten.
Holzofen	Wärme und Zuneigung in der Beziehung.
Höhle	Sie machen eine kurze Reise oder eine Fahrt in die Umgebung. Erzählen Sie niemandem davon, behalten Sie es für sich.
Hufeisen	Eine Glück bringende Situation entsteht, oder eine neue Arbeitsstelle mit großen Aussichten auf Erfolg wird Ihnen angeboten.

I

Igel

Ein Symbol, das für die Einsamkeit eines Menschen steht. Ein Igel kann aber auch bedeuten, dass sich die Person zu sehr mit Ereignissen in der Vergangenheit auseinandersetzt und eine Art Zuflucht in der Vergangenheit sucht.

Insel

Völlig unerwartetes Geld oder ein Zusatzverdienst, an den Sie nie gedacht hätten, kommt ins Haus.

J

Jagd
: Sie haben sehr vieles in Ihrem Leben ignoriert und manches nie wirklich erledigt. Dies sollten Sie nun anfangen zu ändern, die Zeit hierfür ist reif.

Jäger
: Ihre Wünsche gehen in Kürze in Erfüllung, eine Art Erleichterung kehrt in Ihr Leben ein.

Junge
: In nur einigen Tagen erhalten Sie eine Nachricht, die so viel Freude mit sich bringt, dass Sie vor Freude in die Luft springen könnten.
(siehe auch Kind)

Kamel

Eine ungewisse Reise oder ein ungewisser Neubeginn steht an. Es kann positiv, aber auch negativ für Sie verlaufen. Ihre eigene Stimmung entscheidet, in welche Richtung es geht.

Käfig

Falls Sie kein Haus oder keine eigene Wohnung besitzen, werden Sie bald eine Immobilie kaufen. Falls Sie bereits eine Immobilie besitzen, werden Sie eine weitere kaufen.

Kaktus

Dies steht für eine falsche Art der Kommunikation, Vorwürfe und eine daraus entstehende Trennung. Ein Kaktus mit deutlichen Stacheln deutet auf eine Trennung/Scheidung bzw. einen Rosenkrieg bei der Scheidung hin. Jegliche negative Handlung von beiden Seiten ist möglich. Schauen Sie unbedingt, ob es um den Kaktus herum hell ist (also wenig Kaffeesatz) oder dunkel (eventuelle Klumpen im Kaffeesatz). Bei Klumpen nehmen Sie sich in Acht – es könnte eine Trennung mit Aggressionen geben. Falls Ihr Partner (bzw. die Partnerin) noch nicht ausgezogen ist, fördern Sie sein bzw. ihr baldiges Fortgehen.

Kasper

Ein Kasper oder ein Symbol, das einem als „verkleidete Person" auffällt, bedeutet, dass der Fragesteller sich in einer verzweifelten Situation befindet, das Ganze aber herunterspielt. Der Kasper (oft durch die Schuhe, die sich vorne an der Spitze nach oben biegen, und an der typischen Kaspermütze zu erkennen) ist ein Zeichen dafür, dass man seine echten Gefühle und Gedanken nicht herunterspielen und sich selbst mehr Beachtung schenken sollte. Das Ignorieren der eigenen Seele ist hier das Hauptthema.

Katze

Menschen, die Sie umgeben, scheinen Ihnen gutzutun – so

empfinden Sie es zumindest. Aber sie schaden Ihnen in gleicher Weise – das wiederum erkennen Sie oft nicht.

Käfer	Eine schwierige Aufgabe steht Ihnen bevor. Je schneller Sie diese annehmen und daran arbeiten, umso besser, da es sonst zu langwierig und ermüdend für Sie wird. Ein „Käfer" deutet auf eine schwierige Zeit hin. Achten Sie auf die Symbole in der Nähe, um das Thema der Schwierigkeiten, die Ihnen bevorstehen, genauer zu deuten.
Kerze	Thema: Wissen und Talente und oder Aneignung derselben.
Kette (sehr zierlich, dünn)	Gutes Geschäftstreffen und/oder gute Kontakte sollten gepflegt werden.
Kette (sehr dick und ausgeprägt)	Eine Art Verträumtheit ist gegenwärtig. Sie sind zu still, sagen nicht viel, aber genau das verursacht Wut und Ärger in Ihnen. Sie müssen Ihren Ärger auch auszuleben lernen.

Kuh	Das größte Glück, die Liebe, Reichtum und noch viel mehr kommen ins Haus.
Knoten	Sie trauern einer gescheiterten Beziehung nach. Dies geht aber viel zu lange. Sie sollten erkennen, dass Sie Ihrer Fantasie, wie es hätte sein können, nachtrauern, aber nicht der Realität, wie es wirklich war. Sie bleiben in Ihre eigenen Gedanken verliebt, wenn Sie nicht endlich anfangen, nach vorne zu schauen.
Knopf	Für Ledige bedeutet dieses Symbol eine kommende Ehe. Für bereits Verheiratete oder in einer festen Partnerschaft Lebende bedeutet ein Knopf, dass das Familienleben noch schöner wird.
Koch	Die Arbeit, die Sie in diesen Tagen erledigen, wird Ihnen Freude bereiten. Sie werden erfolgreich sein, da Sie alles mit Leichtigkeit bewältigen können.

Koffer	Wichtige Entscheidungen stehen an. Diese müssen gründlich überlegt sein, damit sie in Ihr Leben passen.
Korb (traditionelle Form; Bastkorb mit Bastgriff)	Die Zeit ist dafür reif, dass Sie Ihre Pläne umsetzen. Seien Sie mutig und zielstrebig. (Siehe auch „Wäschekorb")
Krokodil	Sie werden schlechte Nachrichten erhalten. Schauen Sie, worauf das Krokodil im Kaffeesatz sitzt oder wo sein Kopf hindeutet, um die Nachricht und deren Ursprung zu deuten.
Krug	Das, was Sie verheimlichen, Ihre Geheimnisse, sind nicht geheim. Andere werden davon erfahren. Sie sollten Ihre Geheimnisse in der Zukunft wirklich für sich behalten.
Kochtopf	Jemand, den Sie kennen, wird sterben. Sie erhalten die Nachricht.

Kopf	Eine große Menge Geld wird erwartet und auch eintreffen. Bei einer schwangeren Frau bedeutet das Symbol Kopf (ohne Körper), dass sie einen Jungen bekommt.
Kopf (körperlos und auf einem Stock aufgespießt)	Sie führen Ihr Leben in einer Abhängigkeit, die Ihnen nicht guttut. Dies kann, muss aber nicht, auch eine finanzielle Abhängigkeit darstellen.
Kind	Ihr größter Wunsch geht plötzlich, in einem unerwarteten Moment, in Erfüllung.
Kleid	Materielle Wünsche erfüllen sich in Kürze.

L

Lampe	Etwas, das Sie dauernd in Gedanken beschäftigt, bringt nun positive Resultate. Vertrauen Sie in der Zukunft mehr auf Ihre Intuition!
Languste	Eine aus materieller Sicht übergroße Menge Geld wird Sie glücklich machen und für Ihre Sicherheit im Alter sorgen.
Leber	Sie werden oder sollten eine kranke Person besuchen gehen. Schieben Sie es nicht weiter auf.
Lilie	Oft als Zeichen der typisch französischen Wappenlilie zu erkennen. Die Lilie steht für Respekt, aber auch für fehlenden Respekt. Wenn das Thema Respektlosigkeit, egal in welchem Zusammenhang, ein Teil des Problems ist, taucht die Lilie in unmittelbarer Nähe des anderen Symbols auf. Wenn die

Lilie in der Nähe des Tassenhenkels ist, so deutet dies auf die Respektlosigkeit der Person hin, die den Mokka getrunken hat.

Lineal	Es gestalten sich Probleme im Berufsleben.
Lippen	Eines Ihrer Besitztümer geht Ihnen verloren, die Gefahr besteht bereits. Dieses Symbol ist oft bei Personen mit Insolvenz- und/oder Pfändungsthemen zu erkennen. Achten Sie aber unbedingt auf die Symbole um die Lippen herum. Finden Sie z. B. ein positives Symbol direkt neben den Lippen, könnte dies auch auf eine Abwendung dieser schwierigen Themen hinweisen.
Lokomotive	Sie sollten Ihre Entscheidungen schneller fällen. Sie sind zu langsam. Ihre Unentschlossenheit schadet Ihnen mehr als eine eventuell falsche Entscheidung.

Löffel

Nun gibt das Leben Ihnen sehr gute Gelegenheiten, sich weiterzuentwickeln, nach vorne zu schauen. Es öffnet Ihnen neue Türen und somit gute Möglichkeiten – und was machen Sie damit? Leider nicht viel, jedenfalls derzeit nicht. Nehmen Sie endlich die Dinge selbst in die Hand, machen Sie einen Schritt aus dem gewohnten Stillstand heraus in Richtung Bewegung und Elan.

Mandeln	Dies ist die beste Zeit, in der Sie sich auf sich selbst konzentrieren und sich selbst verwirklichen können.
Maus	Sie werden mehr Geld verdienen, oder es werden Ihnen durch die Umstände in Ihrem Leben mehr finanzielle Mittel zu Verfügung stehen. Jedoch sind die Schmarotzer schon jetzt in der Warteschleife, um es Ihnen wieder zu nehmen. Seien Sie nicht so naiv; diese Ihnen eventuell abgenommene Energie lässt sich nicht so leicht ersetzen!
Margerite	Diese Blume bedeutet, dass Sie schon bald Ihre Freundin oder Ihren Freund besuchen werden.

Maiskolben	Je mehr Maiskörner Sie am Kolben sehen, umso mehr Erfolg und Reichtum wird Ihre Familie genießen.
Mädchen	Ihr Umfeld respektiert Ihren Erfolg, doch nicht jeder gönnt es Ihnen wirklich. (siehe auch „Kind")
Meer/Wellen	Beides symbolisiert ernormen Erfolg.
Meerjungfrau	Sie werden belogen und betrogen. Schauen Sie sich die Menschen in Ihrer Umgebung etwas genauer an, trennen Sie sich von solchen charakterschwachen Personen.
Medaille	Etwas Verlorenes wird bald wieder gefunden werden. Schauen Sie die Symbole in der Nähe an. Ist ein Möbelstück zu erkennen, wie z. B. ein Tisch, schauen Sie zu Hause unter alle Möbelstücke, die Sie besitzen. So finden Sie z. B. Ihre „verlorenen" Schmuckstücke wieder. Ist neben der Medaille eine Person zu

sehen, die Sie nicht kennen, ist das der Dieb, der Ihnen etwas entwendet hat.

Messer — Sie sind von Menschen umgeben, die Aggressionen ausleben. Gehen Sie ihnen aus dem Weg, sie gehören und passen nicht in Ihr Seelenleben.

Mikrofon — Sie haben gute Chancen, Ihr Leben zu verschönern. Schauen Sie sich Ihren Lebensbereich, Ihre Wohnung, Ihr Haus etwas genauer an. Dies ist eine gute Zeit, die Dinge zu entsorgen, die nicht mehr zu Ihnen passen oder Ihnen nicht mehr gefallen.

Mikroskop — Neue Ideen für Ihre Freizeitgestaltung sollten ausgelebt werden. Und dies auch und insbesondere dann, wenn andere Ihre Ideen gar nicht gut finden.

Motorrad — Freunde werden sehr viel Freude in Ihr Leben bringen.

N

Nagel
: Sie sollten Ihre Wut gegenüber bestimmten Menschen besser kontrollieren oder die Person, die Sie aggressiv macht, gänzlich ignorieren oder meiden.

Nase
: Genau dann, wenn Sie Hilfe und Unterstützung brauchen, wird sie Ihnen von einer erfolgreichen Person angeboten werden. Nehmen Sie diese Hilfe dankbar an. Die „Nase" symbolisiert auch, dass Sie Schwierigkeiten damit haben, Hilfe anzunehmen. Fangen Sie an, daran zu arbeiten.

Nelke
: Sie werden sich verlieben. Diese Liebe ist erfüllend und wunderschön.

O

Obst
: Eine Zeit voller guter Nachrichten steht an. Und falls das Obst sich in einem Korb befindet, der prall gefüllt ist, dann haben Sie wirklich Grund zur Freude, weil dann diese Zeit voller guter Nachrichten lange anhält.

Ohr
: Sie sollten nicht alles glauben, was Ihnen erzählt wird. Noch nicht einmal die Hälfte entspricht der Wahrheit.

Ohrring
: Dinge sollten behutsamer ausgesprochen werden.

Oliven
: Sie lernen einen gutgläubigen, sanften Menschen kennen. So viel Freundlichkeit scheint Sie zu überraschen. Dies ist aber der Beginn einer neuen, wahren Freundschaft.

Palme	Sie benötigen dringend eine Pause von all Ihren Gedanken und Sorgen. Machen Sie sehr bald eine Reise zu einem Ziel, das Ihrer Seele guttut. Falls an der Palme Datteln dranhängen, sollten Ihre Reisepläne innerhalb der nächsten zehn Tage feststehen.
Papagei	In Ihnen werden bis heute unbekannte Gefühle geweckt, neue Gedanken entstehen. Sie selbst werden es kaum fassen können, genießen Sie jeden Moment.
Perle	Ihre Vorhaben stehen unter einem guten Stern.
Personen	Wenn die Gesichter der Personen zueinander gerichtet sind, finden interessante Gespräche statt. Rücken an Rücken bedeutet, dass man sich mit der Person nicht wohl- oder sich von ihr missverstanden fühlt.

Schauen Sie sich das Gesicht oder das Profil der Person genau an, erkennen Sie sie? Achten Sie hierbei immer auf die Frisur, die Nase und das Kinn. Oft hilft es dem Kaffeesatzleser, nach Buchstaben zu suchen, da der Anfangsbuchstabe des Namens dieser Person direkt daneben stehen könnte.

Pfau	Sie werden bald ein Erbe antreten.
Pilz	Sie leben ein ungesundes Leben und sollten mehr auf Ihre Gesundheit achten. Fangen Sie an, sich gesünder zu ernähren. Übergewicht ist oder könnte ein Thema werden. Achten Sie insbesondere auf Organe wie Leber und Nieren. Trinken Sie mehr Wasser als bisher.
Pinzette	Eine Person, die Ihnen sehr nahe steht, wird Sie kränken.
Pistole	Sie bleiben noch eine Weile in dieser schwierigen Situation.

Pferd	Eine sehr gute Nachricht wird sehr bald eintreffen. Deuten Sie unbedingt die Symbole um das Pferd herum. Ein Pferd bringt immer das Glück mit sich.
Punkte (viele)	Sie geben mehr Geld aus als Ihnen zur Verfügung steht. Ihre Kaufsucht steht aber für andere Bedürfnisse. Schauen Sie in Ihre eigene Seele, dann wissen Sie, was Ihnen wirklich fehlt.

Rakete	Streitereien in der Familie vermehren sich.
Rasierklinge	Sie haben nun sehr lange die Dinge schleifen lassen. Fangen Sie an, sich in Richtung Fleiß zu bewegen. Resultate werden bald alles in das richtige Licht führen.
Regenschirm	Schwierige Zeiten. Sie sollten andere Menschen um Hilfe bitten.
Reiter	Eine neue, Sie menschlich bereichernde und wertvolle Freundschaft entsteht. Alles ist stimmig. Wenn Sie diese Freundschaft pflegen, kann sie ein Leben lang halten.
Riese	Sie werden sich in Ihrem Privat- sowie Berufsleben enorm weiterentwickeln.

Rose

Sie werden sich sehr bald mit einer fröhlichen Person treffen und gemeinsam eine schöne Zeit verbringen.

S

Sandaletten

Halbschuhe und Schlappen gehören zum Thema Betrug. Sie werden betrogen. Halten Sie Ihre Augen offen!
Betrug muss nicht immer körperlicher Natur sein. Betrachten Sie immer, wenn Sie Sandaletten oder Pantoletten entdecken, die direkt in der Nähe liegenden anderen Symbole, um das Betrugsthema genauer zu definieren.

Sarg

Keine Angst vor dem „Sarg", denn: Liegt ein Mensch drin, wird es Ihnen schon bald viel besser gehen, Ihre Sorgen sind vorbei. Ist er jedoch leer, dann kommen weniger erfreuliche Nachrichten ins Haus. Sie werden aber auch diese Zeit überstehen. Ein Sarg – egal, ob leer oder voll – hat niemals etwas mit dem Thema Tod zu tun.

Säge	Andere versuchen, Sie von Ihrem Partner zu trennen. Hintergrund hierfür ist das Thema Neid. Seien Sie vorsichtig und trauen Sie keinem Tratsch.
Segelboot	Sie finden Ihren Seelenfrieden.
Skorpion	Eine gute, aber auch fesselnde Zeit steht bevor. Wenn Sie frisch verliebt sein sollten, und auch wenn die Leidenschaft Vorrang hat, vergessen Sie nicht, Ihrem Partner Freiraum zu gönnen, sonst endet diese Liebe nach etwa 30 Tagen.
Sportwagen	Meistens erkennbar als Cabriolet, von der Seite her gesehen. Dieses Symbol deutet auf den Freiheitsdrang einer Person hin, aber es steht auch für Menschen, die oft den Partner wechseln. Schauen Sie sich den Fahrer oder die Fahrerin genau an, falls jemand drinsitzt (ist oft der Fall). Achten Sie auf das Profil des Fahrers und dessen Frisur, daran erkennen Sie eventuell den Fahrer bzw. die Fahrerin.

Dieses Symbol kann in der heutigen Zeit auch für einen One-Night-Stand stehen.

Oft erkennen Frauen, dass das Profil des Fahrers in der Mokkatasse genau zu dem „netten Mann in der Bar von gestern Abend" passt. Falls Sie sich jedoch eine ernsthafte Beziehung wünschen, lassen Sie die Finger von diesem „Profil in der Tasse".

Stacheln	Mit Leichtigkeit tilgen Sie Ihre Schulden und sind bald schuldenfrei.
Stern	Eine finanzielle, sehr positive Investition steht an.
Stiefel (sehr kleiner)	Eine völlig unerwartete Beförderung im Arbeitsleben steht an.
Stiefel (sehr großer)	Sie haben noch einen weiten Weg vor sich. Der „große Stiefel" kann auch bedeuten, dass Sie sich mehr vornehmen, als Sie tatsächlich schaffen können. Danach sind Sie

enttäuscht. Machen Sie lieber mehrere Etappenziele daraus, dann sind die Ziele für Sie auch erreichbar.

Stiefmütterchen — Diese Blume steht für fröhliche Stunden mit Freunden.

Straßenbahn — Eine Trennung vom Partner ist möglich.

Strumpf/Socke — Ihr Eigentum/Besitz ist Ihnen nicht sicher. Seien Sie vorsichtig. Schauen Sie sich die Menschen genauer an, bevor Sie ihnen Ihr Vertrauen schenken.

Stier — Eine negative Zeit naht. Dinge könnten misslingen. Schauen Sie auf die Symbole in der Nähe des Stiers, um sehen zu können, womit die Warnung in Verbindung steht.

Storch — Sie werden an einem Treffen teilnehmen, aus dem Sie neue Erfolgsmöglichkeiten schöpfen werden. Nutzen Sie diese für sich aus.

Stuhl	Ein „Stuhl" weist auf einen unerwarteten Gast hin.
Schere	Viel zu viel Streit im Haus. Ein sich ständig wiederholendes Thema nimmt in der Familie oder Partnerschaft überhand. Dies muss schleunigst geändert werden. Falls ein kaputter (verbogen oder durchgebrochen) Ring in der Nähe der Schere zu erkennen ist, droht die Partnerschaft bzw. die Ehe an diesem Streit zu scheitern.
Schlüssel	Ihre Gebete werden nun erhört.
Schnabel	Üben Sie das Zuhören. Sie sprechen zu viel und hören zu wenig zu.
Schleife	Eine Verlobung steht an.
Schmetterling	Sie leben in einer wechselhaften und unloyalen Beziehung. Betrug des Partners ist möglich und auch wahrscheinlich.

Schnuller	Sie leben zu sehr in der Vergangenheit. Sie sollten damit aufhören und in Ihre Realität zurückkehren. Das Alte ist nicht veränderbar.
Schraube	Sie müssen damit aufhören, Ihre Arbeit zu vernachlässigen. Sie riskieren damit mehr, als Sie sich leisten können.
Schaf/Lamm	Eine reine Seele, gutgläubiger Mensch; es kann jedoch auch eine sehr naive Person sein, die von kaum etwas Ahnung hat. Achten Sie auf die Symbole in der Nähe, denn ist z. B. eine Sandalette (Halbschuh) in der Nähe, ist dies das Zeichen dafür, dass Sie von Ihrem Partner betrogen werden, weil er Sie vielleicht für dumm hält. Sind es mehrere Schafe und mehrere Halbschuhe, werden Sie bereits seit mehreren Jahren permanent betrogen, denn Schafe und Sandaletten neben-, unter- oder übereinander im Kaffeesatz haben es in sich, und Ihr Partner hat es faustdick hinter den Ohren.

Schiff — All Ihre Sorgen und/oder eine schwere Krankheit werden sich in Luft auflösen. Alles wird gut.

Spielkarten — Sie sind von vielen Neidern umgeben. Seien Sie vorsichtig, denn auch böse Blicke können Ihnen schaden.

Schornstein — Ihr Liebesleben lebt auf. Lustvolle, schöne Zeiten stehen Ihnen bevor. Die Partnerschaft nimmt feste Formen an, ein Zusammenziehen ist gut möglich. Falls Ihr Schornstein in der Tasse raucht, dann werden schon bald eine Heirat und die Gründung einer Familie Ihre neue Realität werden.

Schwalbe — Erfolg ist Ihnen sicher. Deuten Sie alle Symbole um die Schwalbe herum, aber insbesondere das Symbol, auf dem die „Schwalbe" sitzt oder über das sie fliegt.

Schwangere — Eine schwangere Frau als Symbol im Kaffeesatz hat nichts

| | mit Schwangerschaft zu tun, sondern nur mit einer Aussage: Geben Sie Ihren Beruf/Ihre Arbeit nicht auf. |

Schwein — Eine Person, die immer in Ihrer Nähe ist, hält ihre Versprechungen nicht, ist Ihnen gegenüber unehrlich.

Schwert — Eifersuchtsthemen sind Bestandteil Ihrer Beziehung oder schleichen sich nun in Ihre Beziehung ein.

Spinne — Halten Sie sich derzeit von faulen und/oder von sehr schlanken Menschen fern. Sie tun Ihnen nicht gut.

Soldat — Wenn Sie sich in schwierigen Zeiten befinden, werden Menschen Ihnen zu Hilfe eilen. Seien Sie stets zuversichtlich, Sie sind nicht alleine.

Sonne und Sonnenaufgang — Die schlechten Tage sind vorbei, ein Neuanfang steht Ihnen bevor. Sie lassen dabei alle Sorgen hinter sich, Ihre Seele bekommt neues Licht. Sie leuchten von innen und von außen. Dies ist der Zeitpunkt einer wunderschönen Ausstrahlung. Ihre Mitmenschen würden sich am liebsten eine Scheibe davon abschneiden. Genießen und feiern Sie sich selbst.

T

Tanz
: Ein tanzendes Paar oder mehrere sich tanzend bewegende Personen symbolisieren die Probleme von Freunden oder Familienmitgliedern, die uns traurig machen.

Tasche
: Sie werden eine kleine Menge Geld erhalten.

Taucher(flossen)
: Meistens sind Taucher durch ihre Flossen zu erkennen. Dies bedeutet große Freude und positiver Lebenswandel, neue Wege, die man gerne geht, mit sehr positiven Auswirkungen. Es bedeutet auch, dass Ihr positiver Lebenswandel in naher Zukunft realisiert sein wird.
Personen, die dabei sind, Ihr Körpergewicht zu reduzieren, haben häufig einen Taucher in ihrer Mokkatasse. Dies ist die Bestätigung dafür, dass sie auf dem richtigen Weg sind und ihr Zielgewicht erreichen werden.

	Dies gilt aber auch für Personen, die nicht abnehmen, sondern an Körpergewicht zunehmen möchten.
Teekanne	Ihr soziales Umfeld wirkt sich sehr positiv auf Ihr Leben aus.
Telefon	Positive Nachrichten kommen bald ins Haus.
Teufel	Menschen, die Sie beeinflussen, bekommen zu viel Einsicht in Ihr Leben, sie erfahren zu viel von Ihnen und fangen nun an, dies gegen Sie einzusetzen. Wenn Sie einen Bullen oder dessen Hörner oder einen Kopf, der dem Teufel ähnelt, als Symbol erkennen, ist höchste Vorsicht geboten. Hören Sie damit auf, anderen so viel über Ihr Leben zu erzählen. Je schneller Sie dies tun, umso besser.
Tor	Eine sehr gute Zeit steht bevor, in der sich Neues entwickelt und die ungeahnte Möglichkeiten in jeder Beziehung in Aussicht stellt.

Traktor	Ihr Leben verändert sich schon bald sehr positiv.
Trommel	Jemand überbringt schlechte Nachrichten. Achten Sie nicht auf die Nachricht selbst, sondern eher auf den Menschen, der diese überbringt, denn diese Person sollten Sie zukünftig eher meiden.
Tulpe	Ein Mensch, den Sie bis heute einen guten Freund nannten, wird nun Ihr Partner. Eine neue Liebe entsteht.
Tintenfisch	In den kommenden Tagen werden Sie chaotische Verhältnisse erleben. Seien Sie vorsichtig und deuten Sie auf jeden Fall die nahe liegenden Symbole, um gut vorbereitet zu sein.
Trillerpfeife	Eine lange ersehnte Nachricht kommt ins Haus.
Treppe	Ihre Hoffnungen und Wünsche benötigen noch Zeit. Seien Sie geduldig, es dauert noch eine Weile.

Turm

Sie sollten Menschen, die Sie stets in Schutz nehmen, etwas mehr achten als bisher.

U

U-Boot — Eine Reise sollte bald geplant werden.

Umarmende — Sich liebende Personen. Falls Rauch oder Qualmzeichen über den Köpfen zu sehen sind, deutet dies auf Gespräche hin. Falls viele helle Stellen da sind, sind es positive, interessante Gespräche. Falls sehr dunkle, dicke Ansammlungen von Kaffeesatz vorhanden sind, sind es Probleme oder große Sorgen, über die man sprechen wird.

Ungeheuer — Sie sind von charakterschwachen Menschen umgeben, die versuchen, auf Ihre Kosten zu Leben. Distanzieren Sie sich nicht nur von diesen Personen, sondern auch von diesem Thema in Ihrem Leben. Sie müssen weder Geld bezahlen noch Ihre Lebensenergie für andere „aufopfern", um geliebt zu werden!

Uhu	Menschen, die Sie selbst falsch eingeschätzt haben, umgeben Sie. Sie sollten sich fragen, ob Sie Menschen, die es nicht gut mit Ihnen meinen, so viel Vertrauen entgegenbringen sollten.
Uhr	Sie haben für andersdenkende Menschen nicht viel Verständnis und sollten daran arbeiten, um selbst ein noch besserer Mensch zu werden, als Sie es schon sind.

Vase

Eine Ihnen sehr nahestehende Person tut Ihnen nicht gut, löst immer wieder Ärger und Wut in Ihnen aus. Sie sollten mehr an sich selbst denken.

Vogel

Gute Nachrichten kommen ins Haus. Schauen Sie aber auch darauf, welche Symbole in der Nähe stehen, um die Nachricht richtig zu deuten.

Vollmond

Eine neue Liebe entsteht, die in jeder Hinsicht erfüllend und schön sein wird.

W

Wal	Sie werden unbeschreiblich viel Erfolg in jeder Hinsicht, aber insbesondere im Berufsleben haben.
Walnuss	Sie sollten das Glück mit Ihren Liebsten selbst in die Hand nehmen und mehr ausleben.
Waschbecken	All Ihre Hilfeleistungen gegenüber anderen Menschen werden Ihnen in Fülle aus einer anderen Richtung zurückgegeben. Jedoch nicht in derselben Form. Zum Beispiel: Haben Sie Geld verschenkt oder gespendet, kommt nicht Geld, sondern Liebe zurück.
Wäschekorb	Eine Person, die Ihnen gefällt, will mit Ihnen zusammen sein, kann aber ihre Gefühle nicht deutlich genug zeigen. Sie könnten auch selbst den ersten Schritt machen und auf diese Person zugehen. Es funktioniert.

Wäscheklammer	Sie sind derzeit zu gestresst und zu nervös. Treffen Sie jetzt noch keine wichtigen Entscheidungen.
Wasserhahn	Alles ist im Fluss, läuft wie am Schnürchen. Lassen Sie Ihre Sorgen los, die leidvolle Zeit ist nun endgültig vorbei.
Wassermelone	Die Schwierigkeiten in Ihrem Liebesleben gehen nun vorüber. Sie werden aufblühen.
Weide	Geben Sie Ihre Hoffnung nicht auf, Sie werden am Ende Ihre Ziele doch erreichen.
Wellen im Meer	Wellen und das Meer: Beide Symbole signalisieren einen enormen, unvorstellbaren Erfolg.
Werkzeuge	Verschiedene Werkzeuge deuten auf eine Machenschaft gegen Ihre Person hin. Falls Sie bei den Werkzeugen u. a. auch eine Zange erkennen, sollten Sie Schutzrituale ausführen. Jemand verwünscht Sie durch

schlechte Gedanken. In diesem Fall helfen Gebete sowie Schutzbleigießen und ein Talisman Ihrer Wahl. Informieren Sie sich schnellstens und schützen Sie sich entsprechend.

Wildschwein	Jemand versucht, Ihnen Zuneigung und Güte vorzutäuschen. Es ist eine Lüge und die Person ist ganz und gar nicht vertrauenswürdig.
Windmühle	Dies ist das Zeichen für eine Lüge.
Wolke	Themen, die das Leben negativ beeinflussen und die für Sie belastend sind, müssen schleunigst beseitigt werden. Arbeiten Sie daran, indem Sie aufhören, jedem alles recht machen zu wollen. Denken Sie mehr an sich selbst.
Würfel	In diesen Tagen haben Sie im Glücksspiel „eine gute Hand". Ein Gewinn ist gut möglich.

3

Zahn/Zähne

Sie schenken Menschen Vertrauen, die nicht vertrauenswürdig sind. Sie halten an Personen fest, um nicht alleine zu sein. Aber es ist besser, sich zu trennen als so wie bis jetzt weiterzumachen.

Zahnbürste
(zierlich)

In Ihrer Beziehung könnte Betrug zum Thema werden. Achten Sie auf die ersten Anzeichen.

Zahnbürste
(grob/dick)

In ihrem Privatleben gibt es Turbulenzen.

Zeitung

In Kürze befinden Sie sich mitten im Geschehen und stehen möglicherweise sehr oft im Mittelpunkt. Wenn Sie freiberuflich tätig sind, werden Sie mehr Aufträge erhalten, als Sie bewältigen können.

Zelt	Ihre finanzielle Situation bessert sich. Sie werden mehr Vertrauen und Zuversicht in Ihre Zukunft haben.
Zitrone	Sie lernen einen sehr wohlhabenden Menschen kennen, aber es gibt keine wirklichen Gemeinsamkeiten in Ihrer Lebenseinstellung. Entscheiden Sie für sich, was für Sie wichtiger ist.
Zugwaggon	Es ist die falsche Zeit, Ihr Leben zu verändern. Ihre Pläne sind noch nicht ausgereift bzw. nicht gut genug durchdacht.
Zweig	Falls der Zweig Blüten oder Blätter trägt, erfüllen sich Ihre Wünsche schon sehr bald. Falls keine Blüten oder Blätter zu sehen sind, dauert es noch an, die Situation ist blockiert.
Zwerg	Ein „Zwerg" steht für Erfolg durch Raffinesse. Im richtigen Moment das Richtige tun, nicht auffallen, aber zielorientiert vorgehen bringt den gewünschten

Erfolg. Mehrere Zwerge in einer Gruppe sind sehr gut, da dies unvorstellbaren Erfolg in jeder Hinsicht bedeutet.

Zwiebel   Sie erhalten eine traurige Nachricht. Deuten Sie die Symbole links, rechts und unter der Zwiebel, um zu erfahren, worum es bei der Nachricht geht.

Die Bedeutung verschiedener Buchstaben

A Beleidigt sein

B Hindernisse

C Sensibilität und Feinfühligkeit

D Schaden und/oder Verlust

E Leidensthemen

G Die Religion und/oder der Glaube wird immer wichtiger

H Heirat oder die bereits bestehende Ehe/Partnerschaft

N Aufregung

P Lüge und/oder Betrug

S Kennenlernen

U Sich unglücklich fühlen und/ oder unglücklich sein

Meistens stehen die Buchstaben direkt neben anderen Symbolen; sie müssen dann gemeinsam mit dem anderen Symbol gedeutet werden.

Auch beliebig auftretende Buchstaben oder auch Buchstaben, die oben nicht genannt sind, können in einer Mokkatasse vorkommen. Diese deuten auf den Namen einer Person hin, die dem Fragenden bekannt ist.

Es kann also sein, dass Sie das Profil von einem Mann namens Henry erkennen und der Buchstabe H neben seinem Kopf oder Körper deutlich zu erkennen ist. Der Buchstabe „H" ist dann nur noch die Bestätigung dafür, dass Sie „Henry" richtig „erkannt" haben.

Die Bedeutung von Zahlen

1 Liebe, Verliebtsein

2 Unglück, Krankheit

3 Erfolgreiche, zielstrebige berufliche Entwicklung

4 Vertraue deinem Glück

5 Tratsch, wertlose Gespräche

6 Ehe, Heirat, Partnerschaft

7 Glück in der Liebe

8 Streit unter Freunden

9 Neue Menschen kennenlernen

10 Glückliche Zeiten

Manchmal stehen zwei oder drei Zahlen nebeneinander. Man kann sie sehr deutlich und schnell erkennen. Bei verliebten Personen findet man oft die 1 und die 4 nebeneinander, also 14, schauen Sie mal auf die Bedeutung oben …

Die Bedeutung von Strichen und Punkten sowie asymmetrischen Symbolen

Viele, kleine Pünktchen (mindestens 10)	Dieses Symbol bedeutet, dass Sie kaufsüchtig sein könnten, da Sie mehr Geld ausgeben, als Sie haben. Der Hintergrund dieser „Verschwendung" ist ein Mangel. Finden Sie heraus, woran es Ihnen mangelt.
Pfeile sowie 3 volle Pünktchen	Symbol für eine leidenschaftliche Liebe, die neu entsteht.
5 Pünktchen	Ein Brief aus der Ferne trifft endlich ein.
1 Punkt (groß)	In diesen Tagen erhalten Sie sehr freudige Nachrichten.
Dreieck (innen leer)	Ein unerwarteter Geldsegen kommt ins Haus.

Dreieck (innen voll)	Sie werden einen kleinen Geldverlust haben.
Kreis (innen leer)	Missverständnisse im Arbeitsleben lösen sich auf.
Kreis (innen voll)	Sie haben Probleme an Ihrem Arbeitsplatz.
Kreis (sehr groß)	Auch wenn es schnell vorübergeht, werden Sie sich in Kürze über einiges sehr ärgern.
Linien (zwei parallele)	Zwei parallel zueinander verlaufende Linien symbolisieren eine Reise. Diese Linien können kurz oder auch lang sein, wichtig ist jedoch, wie „sauber" sie sind. Damit ist gemeint, dass sie hell sein sollten, d.h. sie sollten keine Störungen drin- oder dranhaben. Und wenn am oberen Ende der Reise (also in Richtung Tassenrand schauend) auch noch ein Vogel oder ein Engel sitzt, dann ist es eine unvergesslich schöne Reise, die Ihnen bevorsteht. Diese kann privater, aber auch beruflicher Natur sein.

Viereck (innen leer)	Ihr eigenes Glück liegt in Ihrer Hand, tun Sie etwas dafür.
Viereck (innen voll)	Die Turbulenzen in der Beziehung müssen sich verändern, sonst drohen noch mehr Schwierigkeiten.
Viereck (sehr groß)	Dies ist eine gute Zeit, eine Immobilie zu erwerben.
Fünfeck	Treffen Sie Entscheidungen, was Ihre Arbeit betrifft, und ändern Sie danach nichts an Ihrer Entscheidung. Das Resultat wird positiv sein, gedulden Sie sich.
1 dicke Linie	Eine Reise gestaltet sich mit Schwierigkeiten.
2 dicke, parallel verlaufende Linien	Sie reisen ans Meer.
1 schmaler Strich	Dies deutet auf eine baldige Erkrankung hin. Achten Sie auf Ihren Körper, aber auch auf Ihre Seele.

Haken	Aus den Schwierigkeiten, in denen Sie derzeit feststecken, können Sie sich mit Hilfe von guten Freunden schon bald lösen.
Linie, die sich aufspaltet (Y)	Eine Linie, die sich vorne wie eine Gabel oder ein Ypsilon spaltet, bedeutet: Nun ist die Zeit für Entscheidungen in Ihrem Leben gekommen. Treffen Sie sie jetzt, das Resultat wird für Sie positiv sein.

Tipp

Eine Reise (2 parallel zueinander verlaufende Linien, hell und innen leer) muss mit Licht durchflutet sein, und insbesondere oben (also in Richtung Tassenrand) offen sein. Wenn zwei parallele Linien an einer Seite geschlossen sind, ist diese Reise noch nicht „reif". Entweder ist es eine schlechte Reise oder eine, die nicht stattfinden wird.

Die 10 wichtigsten Regeln des Kaffeesatzlesens

Auf dieser Seite finden Sie die wichtigsten Regeln zusammengefasst, die Sie unbedingt beachten sollten.

Es reicht aber nicht aus, nur diese Seite zu lesen und dann mit dem Kaffeesatzlesen zu beginnen! Vielmehr ist sie als eine Referenzseite gedacht, damit Sie sich die wichtigsten Regeln leichter verinnerlichen können. Oder damit Sie kurz nachschauen können, ob Sie an alles gedacht haben, bevor Sie mit dem Lesen anfangen.

1. Messen Sie das Wasser mit derselben Tasse ab, aus der der/die Fragende trinken wird, und geben Sie dieses in das Mokkatöpfchen. Wenn Sie drei verschieden große Tassen benutzen, dann sollten Sie mit jeder Mokkatasse einzeln das Wasser abmessen.

2. Verlassen Sie niemals die Küche, während der Mokka kocht. Bleiben Sie am besten am Herd und halten Sie den Griff des Mokkatöpfchens stets fest in der Hand.

3. Verteilen Sie den gekochten Mokka in gleichen Mengen auf alle Tassen, bis jede Tasse halb voll ist. Dann lassen Sie den Rest im Töpfchen noch einmal aufkochen und verteilen diesen wieder gleichmäßig bis zum letzten Tropfen in jede Mokkatasse.

4. Der/die Fragende trinkt den Mokka nur so weit, bis etwa 5 mm Flüssigkeit oberhalb des Mokkasatzes übrig ist, danach ist Schluss. Sonst hat er oder sie den Mokkasatz im Mund anstatt auf dem Boden der Mokkatasse.

5. Wenn der/die Fragende sich etwas gewünscht oder ganz fest an etwas gedacht hat, dreht er/sie die Tasse um und lässt sie kalt werden. Das heißt, die Tasse bleibt so lange geschlossen, bis man mit dem Zeigefinger die Unterseite der Mokkatasse berührt und spürt, dass sie tatsächlich kalt ist. Dies dauert ca. zehn Minuten. Noch lauwarme Mokkatassen öffnet man nicht (auch nicht, wenn man in Eile ist).

6. Man liest sich niemals selbst aus dem Kaffeesatz! Dies sollte immer eine andere, einem vertraute Person tun.

7. Falls die geschlossene Tasse am Unterteller festklebt, öffnet man sie nicht mehr zum Deuten. Man belässt sie so, und sagt dem Fragenden, dass alles gut ist und dass alles, was noch nicht gut ist, schon sehr bald bestens sein wird.

8. Zum Deuten schauen Sie zuerst auf den Boden der Tasse. Danach in das Tasseninnere, also auf die Tassenwand. Ist der Tassenhenkel auf Ihren Brustkorb gerichtet, können Sie von rechts nach links schauend eine Zeitangabe machen. Die „Jahresmitte" (Juni) befindet sich direkt gegenüber dem Tassenhenkel.

9. Deuten Sie nicht stur nach Symbolen. Die Leichtigkeit des Lesens und Deutens ist das Allerwichtigste. Das bedeutet, dass zum Beispiel drei oder fünf verschiedene Symbole, die sehr nah zueinander in der Mokkatasse stehen, ein- und dasselbe Thema betreffen *können*, aber nicht *müssen*. Fangen Sie immer zuerst mit den Symbolen an, die Sie mit einem Blick deutlich erkennen. Der Rest ergibt sich von selbst.

10. Nach dem Lesen und Deuten lassen Sie so lange fließendes Wasser über die Mokkatasse und den Unterteller laufen, bis sich der Kaffeesatz komplett gelöst hat. Auch die festklebende Tasse mit ihrer Untertasse (vgl. Punkt 7) müssen Sie unter das fließende Wasser halten.

Das themenbezogene Lesen: Partnerschaft, Beruf, Geld

Es kann durchaus sein, dass nur ein einziges Thema alle Gedanken des Fragenden einnimmt. Es gibt Zeiten im Leben, in denen wir uns fast ausschließlich mit einem Hauptthema beschäftigen. Es ist dann so, als ob alles andere unwichtig ist, die Gedanken kreisen immer wieder um das Eine. Man versucht vielleicht sogar, sich abzulenken, um nicht an das Thema zu denken, aber wie man es auch dreht oder wendet, es gelingt nicht.

Ich glaube, dass der Grund für so eine Situation, die bestimmt jeder in der einen oder anderen Form schon durchlebt hat, die drängende Suche nach Klarheit bzw. der Wahrheit ist.

Das Ziel eines jeden Menschen ist das persönliche Glück. Wie man für sich persönlich das Glück beschreibt oder was man selbst unter Glück versteht, ist sehr individuell. Aber oft hat dieses Glück etwas mit Liebe, Partnerschaft, Gesundheit, Beruf und/oder dem Thema Geld zu tun.

Bis diese „in uns brennenden" Themen geklärt sind, sind wir unruhig und ungeduldig. Die Leichtigkeit fehlt uns in jeder Hinsicht. Plötzlich sagen Menschen dann nicht mehr: „Kommt Zeit, kommt Rat". Nein, sie werden sogar wütend, wenn man versucht, sie mit diesem Rat zu trösten. Und warum ist das so? Weil man sich nicht verstanden fühlt und weil es „in der Seele brennt". Also reden sich die Menschen den Mund fusselig, überstrapazieren die Geduld der besten Freundin, einige benebeln sogar ihre Gedanken und Gefühle mit Alkohol, oder sie legen sich weinend schlafen – in der Hoffnung, so wenigstens einige Stunden lang Ruhe zu haben. Und natürlich gibt es auch die, die sich mit Essen vollstopfen, und das nicht aus Hunger oder Appetit auf etwas, nein, sondern nur aus purem Frust und Traurigkeit. Natürlich gibt es auch die, die weder schlafen noch essen können, aber dafür „ganze Flüsse" weinen. Man könnte hier die verschiedensten Formen von Traurigkeit, Schmerz, Eifersucht, Angst, Trauer, Sorgen, Verlust- und Existenzängsten aufzählen, aber wirklich wichtig ist nur eine einzige Frage:

Was mache ich, wenn ich gar nicht mehr weiß, wie es weitergeht?

Wurden Sie von Ihrer Partnerin oder Ihrem Partner verlassen? Haben Sie Ihre Arbeit verloren? Sind Sie krank? Haben Sie finanzielle Sorgen? Zweifeln Sie an sich selbst oder an anderen Menschen? Sind Sie untröstlich von einem dieser Themen (oder auch mehreren gleichzeitig) betroffen und vielleicht sogar von all dem überwältigt? Was es auch sein mag: Dieses Kapitel ist für all diejenigen gedacht, die sich in einer seltsamen und schwierigen Zeit befinden.

Meine Antwort ist *auch* keine andere als: „Kommt Zeit, kommt Rat." Aber wir machen hier doch etwas anderes, als Sturzbäche zu weinen, den Inhalt des Kühlschranks zu plündern, viele Flaschen Alkohol zu leeren, nächtelang nicht zu schlafen und dann wie ein Zombie aussehend durch Einkaufsstraßen zu laufen, sich selbst zu bemitleiden und dann auch noch die „falschen" Schuhe zu kaufen. Nein, egal welche seltsame „Aktion" Ihnen einfällt, verzichten Sie diesmal ganz bewusst auf diese „Ausschweifungen" und sammeln Sie Ihre Kräfte und Gedanken, indem Sie eine neue Möglichkeit als Alternative zu Ihrem bisherigen „Lösungsmuster" in Erwägung ziehen.

„Kommt Zeit": Die Zeit ist hier und jetzt!
„Kommt Rat": Der ist schon bald hier!

Wie Sie sehen, geht es bei diesem Spruch doch gar nicht um die Ewigkeit und die Zeit des Wartens. Sie, und nur Sie alleine, sind Herrscher über Ihre Zeit, und frei, diese so zu gestalten, wie Sie es möchten. Sie müssen nur lernen, den „Rat" zu erkennen und damit zu „arbeiten", ihn zu „verwerten"!

Sie müssen anfangen, auch Dinge und Ereignisse zu sehen, die Sie bis heute vielleicht außer Acht gelassen oder ignoriert haben.

Bei ernsthaften Problemthemen geht man bei dem Mokkasatzlesen etwas anders vor. Dies soll in diesem Kapitel näher erläutert werden.

Ich lade Sie ein, einen Mokka zu kochen und sich auf dieses eine Thema zu konzentrieren, das Sie so sehr beschäftigt. Denken Sie jetzt aber bitte nicht an fünf verschiedene Sorgen, nein! Denken Sie jetzt nur an das für Sie wichtigste Thema. An das, was Sie emotional am allermeisten einnimmt.

Wenn Sie viele Bereiche haben, die nicht zu Ihrem persönlichen Glück beitragen, sollten Sie für jeden Bereich eine „eigene" Tasse Mokka trinken und dabei ganz fest an die Sache denken, für die Sie den Rat benötigen.

In diesem Fall machen Sie sich eine Liste. Beschäftigen Sie sich nur mit einem Thema pro Tag. Nur so sind Sie wirklich empfänglich für eine Antwort. Denn Sie sollten sich nach der Deutung auch die Zeit nehmen, über die Antwort nachzudenken und diese auf Ihr Leben „zuzuschneidern". Reservieren Sie sich diesen Tag ausschließlich für Ihr Hauptthema. Setzen Sie Prioritäten, indem Sie sich überlegen, was wichtiger ist.

Haben Sie zum Beispiel große finanzielle Sorgen, weil Sie Ihren Job verloren haben, und sind Sie gleichzeitig traurig darüber, dass Ihre Partnerin oder Ihr Partner Sie verlassen hat, dann müssen Sie überlegen, welches Thema Sie augenblicklich mehr belastet.

Wenn Sie entschieden haben, welches Thema an diesem Tag „beraten" wird, dann bleiben Sie dabei. Wenn Sie beschlossen haben, dass Ihre Arbeit wichtiger ist, dann muss das Thema Arbeit als Tagesthema feststehen. Sie dürfen an diesem Tag nicht an die oder den Ex-Partner denken, weil sonst der „Rat" aus dem Kaffeesatz „verwirrt" wird. Wie soll es auch anders sein, denn Sie selbst sind ja „verwirrt"! Also, keine Gedanken an den Partner oder die Partnerin, keine einzige Träne, kein Selbstmitleid, kein Telefonat, kein Kontakt zu ihm oder ihr! Heute nicht! Heute darf nichts und niemand sonst Sie in irgendeiner Form „einnehmen"!
Heute ist das eine Thema dran!

So gehen Sie vor und suchen sich Ihr „Thema Nummer 1" aus (und Sie bleiben dabei). Dann verabreden Sie sich mit einer Freundin oder einem Freund und besprechen dieses Thema sehr ausführlich. Und zwar so gründlich und ausführlich, dass Sie an nichts anderes mehr denken, als Ihre Fragen, an die Sie denken werden, während Sie den Mokka trinken.

Die Freundin bzw. der Freund ist wichtig! Sie dürfen sich nicht selbst aus der Mokkatasse lesen. Aber Sie können das im Austausch machen. Sie lesen für Ihre Freundin, und diese liest für Sie.

Vor so einer „speziellen" Mokkasitzung muss man sich die Haare waschen. Ich weiß, Sie denken wahrscheinlich: „Wieso die Haare?" Es ist aber nun mal so, dass Wasser über den Kopf fließen muss. Und zwar bei allen Personen, die an der Sitzung teilnehmen! Also auch Ihr Freund oder Ihre Freundin muss sich die Haare vorher gewaschen haben.

Diese Sitzung ist nicht wie eine, zu der mehrere Freundinnen zusammenkommen, einen Mokka trinken, sich etwas wünschen oder fest an jemanden denken und dann die Mokkatasse umdrehen.

Hier geht es um Wichtigeres. Es geht um ein Sie einnehmendes Ereignis, womöglich sogar ein belastendes Thema. Ein Thema, dass „beraten" werden muss.

Dieser Tag ist eine etwas abgewandelte Version von „Kommt Zeit, kommt Rat", denn man kann und will manchmal Dinge nicht „der Zeit" überlassen. Also nehmen Sie sich die „Zeit" jetzt! Dann kommt auch der „Rat"!

Das Wasser, welches über Ihren Kopf fließt, befreit Sie und alle Teilnehmer der Sitzung von Negativitäten. Man sagt, dass das Wasser uns nicht nur reinigt und von Schmutz befreit, sondern auch unsere Gedanken und Gefühle neutralisiert. Sie selbst verlieren zwar, während Sie unter dem fließenden Wasser stehen, keineswegs all Ihre Sorgen, aber Sie werden mir Recht geben, dass Sie sich danach „erleichtert" fühlen. Und genau in diesem „erleichterten" Zustand müssen Sie – an nichts anderes als Ihr Tageshauptthema denkend – den Mokka trinken und die Tasse umdrehen.

Wenn dies bedeutet, dass Sie vor dem Mokkakochen sich erst eine halbe Stunde unter die Dusche stellen müssen, dann ist es so. Es muss sein.

Die Bedeutung der Symbole entnehmen Sie der alphabethischen Liste. Hier ist aber die Lesung etwas anders als bei einer normalen Lesung. Hier haben Sie bereits mindestens den halben, wenn nicht sogar den ganzen Tag damit verbracht, sich ausschließlich auf das Thema zu konzentrieren und sich damit zu beschäftigen.

Das bedeutet, dass alle Symbole, die man nun in dem Mokkasatz findet, ausschließlich und nur dieses Thema und Ihre dazu gehörende Fragestellung betreffen!

Dies heißt auch, dass ein Symbol, das normalerweise auf einen neuen Partner hinweist, hier nichts mit

Partnerschaft zu tun hat, sondern darauf hinweist, wie der neue Arbeitgeber aussehen könnte! Schweifen Sie nicht ab! Deuten Sie die Symbole nur für die Frage, die Sie gestellt haben!

Fallbeispiel:

Man hat seine Arbeitsstelle verloren und fragt sich, ob man schon bald eine neue Stelle mit einer guten Bezahlung finden wird. (Thema des Tages: „Sorgen wegen Jobverlust, Existenzängste, eventuell hierdurch entstandene Geldsorgen").

Beispiel für Symbole in diesem Kaffeesatz:

Adler (Vogel) oder Delfin, Bär, ein oder mehrere Kinder, Schaf, Taucher, Bett und noch zwei parallel verlaufende Striche sowie kleine Klumpen am Rand der Mokkatasse.

Mit einem Blick würde ich sagen: Alles bestens! Aber das will ich genauer erläutern.

Der Vogel, ein Adler oder ein Delfin sind ganz klare Zeichen für sehr gute Neuigkeiten sowie Möglichkeiten, die ins Positive führen. Falls es aber ausschließlich ein Adler ist, statt eines Delfins oder Vogels, kann man sagen, dass der oder die Fragende umdenken sollte, also auch alternative Möglichkeiten für das Fragethema durchdacht werden sollten.

Vielleicht ist der Adler speziell bei dieser Fragestellung als Antwort für eine neue Sichtweise gekommen! Ist eine selbständige Tätigkeit bei der oder dem Fragenden in der Zukunft möglich? Oder auch ein Berufs- oder ein Ortswechsel? Denn der Adler sagt uns, dass wir nach einer anderen Sichtweise der Dinge Ausschau halten sollten, also nicht nur nach hinten und vorne, sondern nun insbesondere nach links und rechts und auch nach oben und unten. Dies würde zu einer größeren „Möglichkeitsanalyse" führen und der oder dem Fragenden die Aufgabe geben, sich für den Rest des Tages darüber Gedanken zu machen, wie das zukünftige Berufsleben aussehen könnte – mit Möglichkeiten, an die er oder sie bisher vielleicht noch nicht gedacht hat. Zum Beispiel, ob es doch eine Alternative gibt, wie den Umzug in eine andere Stadt, um dort bessere berufliche Perspektiven zu haben.

Hätte sich die oder der Fragende bereits für eine neue Stelle beworben und wäre zum Beispiel ein Vogel oder ein Delfin zu sehen, dann würde das bedeuten, dass die guten Neuigkeiten bald Freude bringend ankommen werden. Ist aber auch ein Bär zu sehen, dann sollte man sich mehr Gedanken um wichtige Entscheidungen machen. Damit wäre gemeint, dass die neue Stelle einem zwar sicher ist, aber man sich trotzdem überlegen sollte, ob man nicht doch noch mehr Bewerbungen rausschickt, um eine noch bessere Stelle zu finden oder um eventuell die Wahl zwischen zwei verschiedenen Stellen zu haben.

Oft sind in solchen Fällen ein oder mehrere Kinder zu sehen; das ist dann die Bestätigung, dass alles wunschgemäß verlaufen wird.

Ist aber auch ein Lamm oder Schaf zu erkennen, dann liegt die Herkunft des Problems (Jobverlust) an der oder dem Fragenden selbst. Die naive Art der Person hat die Situation im Berufsleben nicht frühzeitig erkannt, sodass es zum Jobverlust gekommen ist. Auch hier wäre es ratsam, dass der oder die Fragende an sich selbst zu arbeiten beginnt, um solche Situationen in Zukunft zu vermeiden. Denn wenn sich am eigenen Verhalten nichts ändert, kann sich am Leben des oder der Fragenden auch nichts Neues ergeben.

Ein Taucher, der in dieser Fragestellung im Kaffeesatz auftaucht, bringt auch Positives hervor – zumindest die Bestätigung dafür, dass das Erstrebte auch erreicht werden wird.

Klumpen (kleine, dicke Kaffeesatzbrocken) am Rand der Tasse verteilt (so wie winzig kleine Inseln im Meer) deuten hier auf Geld, das in Aussicht steht. Dies wäre ein Zeichen dafür, dass die Existenzsorgen aufgrund von Geldsorgen nicht unbedingt sein müssen, da bald wieder Geld ins Haus kommen wird.

Wenn dann auch noch zwei parallel zueinander verlaufende Linien zu sehen sind, dann deutet das auf einen neuen Weg hin. Das könnte auch der neue Arbeitsweg sein.

Diese Linien, die im Normalfall für eine Reise stehen, stehen nun in der „Themenmokkatasse" nicht mehr für eine Reise, sondern für den Weg, den man zur Arbeitsstelle machen wird.

Würde man aber in derselben Tasse ein Bett erkennen (welches normalerweise für die Geburt eines Kindes steht), dann würde dies hier nicht auf ein Kind hindeuten, dass geboren werden wird, sondern auf die neue Arbeitsstelle.

Eine sture Deutung sollte nie stattfinden, also nicht: Symbol XY = Bedeutung XY. Die Situation ist die Bedingung für die Symbole, nicht umgekehrt.

Es sei hier ausdrücklich wiederholt, dass man auf keinen Fall von seinem Fragethema abweichen sollte. Denn hat zum Beispiel eine Frau sich den ganzen Tag auf ihr Thema konzentriert, bei dem es nach einem Jobverlust um eine neue Arbeitsstelle geht, und hat danach ihre Gedanken „unterbrochen" und gedacht: „Vielleicht sollte ich doch lieber ein Kind bekommen und nicht mehr arbeiten gehen …", dann ist das Bett im Kaffeesatz entweder die neue Arbeitsstelle oder tatsächlich ein Kind, das geboren werden wird. Aber die Lesung wäre dann verfälscht und die Antwort bliebe unklar.

In dieser Situation sollte man tief durchatmen und sich am nächsten Tag, auch wenn die Haare vor Sauberkeit noch glänzen und quietschen, sich gerade noch einmal unter die Dusche stellen und na ja … Sie wissen schon, Übung macht den Meister.

Genauso geht man bei Fragen zu anderen wichtigen Themen – wie Partnerschaft oder Geldsorgen – vor. An dem Tag, an dem die Thematik der Partnerschaft die höchste Priorität hat, verfährt man genauso wie oben beschrieben. Wenn man sich an die Regeln gehalten hat, sind alle Symbole in dem Kaffeesatz ausschließlich zu diesem Thema zu deuten.

Bei Geldfragen müssen Sie insbesondere die Mokkaklumpen am Rand der Tasse anschauen und auch abzählen, dann schauen Sie am besten auch auf die Zeit, also den Monat, in dem die Klumpen (also das Geld) zu sehen sind. Denken Sie dran: Den Zeitpunkt, wann etwas eintritt, erkennt man, indem man die Tasse mit dem Henkel zur eigenen Brust hält und dort beginnt zu zählen. Man schaut gegen den Uhrzeigersinn, von rechts nach links. Die genau dem Henkel gegenüberliegende Seite ist der Juni, also die Jahresmitte. Links hiervon, bis zurück zum Henkel liegen die restlichen Monate des Jahres. Am Henkel wieder angekommen, ist der Dezember. Man teilt den Abstand der Monate „mit den Augen" einmal rundherum schauend in der Mokkatasse in zwölf gleiche Abschnitte auf und hat so die Möglichkeit einer Zeitangabe, wann einem etwas bevorsteht.

Die richtige Fragestellung

Die Aufmerksamkeit, der Fokus und das universelle Gesetz

Ein wichtiger Teil des Kaffeesatzlesens ist die richtige Fragestellung. Wer im Leben die falsche Frage stellt oder seine Fragen nicht richtig formuliert, bekommt die falsche – oder zumindest unklare – Antwort. Damit kann man oft wenig und meistens gar nichts anfangen. Beim Kaffeesatzlesen ist das nicht anders. Wer die Frage nicht richtig formuliert, bekommt eine unklare Antwort und ein Chaos aus der Mokkatasse. Aber warum wundert man sich denn darüber? Es ist doch ganz normal: Wer unklare Fragen stellt, bekommt unklare Antworten. Darum lernen angehende Journalisten schon während ihres Studiums auch das „richtige Fragenstellen", damit sie mehr Details erfahren als andere. Das beste Beispiel ist: Zwei Menschen interviewen ein- und dieselbe Person. Der eine stellt die richtigen Fragen und erfährt mehr, als er sich je erhofft hätte. Der andere stellt unklare Fragen und bekommt nichts wirklich Verwertbares. Der erste ist ein Könner, der zweite ein Möchtegern-Könner. Der erste wird Erfolg haben, der zweite wird früher oder später seinen Beruf wechseln und die Welt beschimpfen, weil ja alles so unfair ist. Er wird sich auch immer wieder wundern, warum eigentlich andere so viel „Glück" haben und er nicht.

Beim Kaffeesatzlesen geht es auch um Details, um wichtige Details sogar. Wir stellen Fragen *aus* dem Leben und *für* das Leben. Es ist wirklich sehr, sehr wichtig, dass unser ganzer Fokus und unsere ungeteilte Aufmerksamkeit sich auf die richtige Fragestellung konzentrieren und diese auch richtig formuliert ist, bevor die Mokkatasse umgedreht, also verschlossen wird.

Zu dem universellen Gesetz diesbezüglich komme ich etwas später.

Nehmen wir als Beispiel aus dem Leben eine Frau, die von morgens bis abends an ihren Ex-Freund denkt: warum er (soll er Glubschaugen kriegen) sie verlassen hat, ob er sie noch liebt (ah, wie schön), ob er sie doch vermisst, ob er vielleicht schon morgen (oh jaaaa) wieder vor der Tür stehen wird, ob er (hoffentlich) ohne sie sehr unglücklich und einsam ist, ob er schon wieder (sollen ihm die Augen erblinden) eine neue Partnerin hat, ob er mit der Kollegin (sollen ihr alle Knochen brechen) aus seinem Büro ausgeht, ob er mit der

Nachbarin (diese blöde Kuh) doch was hatte, ob sie, wenn sie doch schwanger geworden wäre, doch noch zusammen wären, ob er sie dann doch geheiratet hätte, ob seine (hässliche) Mutter doch an allem schuld war, ob er die ganzen Tränen überhaupt wert ist, ob dies oder das. So gehen die Gedanken immer weiter, die Fantasie ist auch hier unendlich, und das seit Wochen oder Monaten.

Nun kommt diese Frau mit all diesen und vielleicht noch weiteren Gedanken, ihren Ex-Freund betreffend, und sagt, ihr Hauptthema sei die finanzielle Unabhängigkeit. Sie trinkt den Mokka, konzentriert sich auf Geld, und angeblich nur auf Geld, während sie den Mokka trinkt. Sie schweift aber kurz ab, und denkt, dass sie vielleicht doch hätte Katzenfutter in seine Frikadellen reinmischen sollen, als sie bereits ahnte, dass ihr Ex sie betrügt, aber sie findet wieder den Gedanken an die finanzielle Unabhängigkeit, schließt nach dem letzten Schluck selig lächelnd und die Augen schließend die Tasse und fragt: „Dieser Mistkerl, dieser elende Betrüger, nein, nein, äh, die Frage ist: 'Wann geht es mir wieder gut?'" Sie dreht die Tasse um und lächelt. Sie erzählt, dass die finanzielle Unabhängigkeit das Allerwichtigste für sie sei und sie keine Ruhe habe, bis ihr monatlich der Betrag X zur Verfügung stehe. Sie lächelt.

Die Aufmerksamkeit, der emotionale Fokus, fehlt bei dieser Frau in jeder Hinsicht. Die Fragestellung:

„Wann geht es mir wieder gut?" hat weder etwas mit Geld noch mit der finanziellen Unabhängigkeit zu tun. Genauso könnte man antworten: „Leg dich in die Badewanne, nimm ein schönes Bad, dann geht es dir bestimmt wieder gut."

Öffnet man diese Mokkatasse, wird man weder Symbole für Geld noch Aufschwung noch finanzielle Unabhängigkeit finden. Was man aber mit ziemlicher Sicherheit finden wird, ist ein Chaos. Ja, ein Chaos und was für eins. Sollen …die Beine brechen, soll … Glubschaugen bekommen, soll … erblinden, und hätte ich doch Katzenfutter in seine Frikadellen gemischt … Was genau ist das? Ich meine, man weiß, je nach Situation, kann fast jeder solche und andere Gedanken nachvollziehen, aber und hier kommt ein großes Aber: Was, bitteschön, kann der Kaffeesatz dafür, dass Menschen keine Klarheit über ihre eigenen Gedanken und Gefühle haben?

Ein Teil der Symbole können in dieser Mokkatasse die Wut verdeutlichen, es könnten Bilder kommen, die vielleicht etwas über Trauer aussagen, sogar Bilder für einen Gehängten. Dies könnte den Ex-Freund darstellen, den diese Frau bestimmt schon in 40 verschieden Variationen gedanklich an jedem Baum, an dem sie seit der Trennung vorbeigelaufen ist, aufgehängt hat. Die Städte sind ja schließlich voll mit solchen „imaginären Männerbäumen", und das in jeder Stadt und in jedem Land, ja, man stelle sich mal das vor.

Man darf dann auch einen Gehängten nicht als einen Selbstmörder beschreiben, denn der Kaffeesatz gibt auch die eigenen Gedanken und Gefühle wieder. Der Gehängte kann in dieser Situation auch die Fragestellerin selbst sein.

Warum auch nicht? Sie lebt in einer Ohnmacht, sie fühlt sich einsam, sie ist wütend, sie fühlt sich um „ihre Zeit" betrogen. Daher kommen Vorwürfe gegenüber Männern wie: „Du hast mir die besten Jahre meines Lebens gestohlen!" zu 90 Prozent von Frauen. Nur fangen Frauen Mitte 20 mit diesem Satz an und hören Mitte 80 damit immer noch nicht auf. Ja, so ist es: Wer eine Frau wütend und traurig macht und ihr „die guten Jahre" stiehlt und sie aufs Tiefste kränkt, der landet am imaginären Baum. Und die Frau selbst ist damit beschäftigt, ihren „kleinen Tod" zu verarbeiten.

Wie sieht denn nun die richtige Fragestellung aus?

Die richtige Frage hat zuallererst mit dem universellen Gesetz zu tun. Dies soll hier kurz erläutert werden, damit alles seine Richtigkeit hat und der Sinn der Sache nicht verfehlt wird.

Wenn die Seele mit Thema A beschäftigt und ganz und gar davon eingenommen ist, dann lebt die Seele – und somit auch diese Person – in einer eingeschränkten emotionalen Eigenwelt. Wenn Thema A das Hauptthema ist, geht Thema B, das sie nicht so stark beschäftigt wie Thema A, in der Mokkatasse komplett verloren, weil der emotionale Fokus sich auf etwas ganz anderes konzentriert.

Wenn man sich nicht von den Themen distanzieren kann, die einen so stark beschäftigen, sollte man sich vorerst auf dieses erste Hauptthema konzentrieren und eins nach dem anderen angehen. Betrachtet man alles zusammen und gleichzeitig, erhält man niemals die Klarheit, die man sucht und auch braucht, um mit dem Leben weiterzumachen und um voranzukommen.

Hier sind Beispiele für korrekte Fragestellungen.

- Wie erfolgreich wird sich meine Arbeitssuche für mich gestalten?

- Was kommt auf mich zu, wenn ich mich von … trenne?

- Ich möchte …! Was wird mir helfen, dieses Ziel zu erreichen?

- Ich bin in ... verliebt. Welche Chance hätte eine Beziehung mit ...?

- ... ist krank. Was hilft ... beim Gesundwerden?

- Ich bin an ... erkrankt. Was hilft mir beim Gesundwerden? Woran muss ich noch denken? Was ist zu tun?

- Ich suche verzweifelt nach ... Wo und wie kann ich ... finden?

  (Diese Frage kann für Gegenstände, Personen, Arbeit, Liebe, praktisch für alles verwendet werden.)

- Ich werde am ... . heiraten. Wie wird diese Verbindung verlaufen?

- Ich brauche für ... Geld. Was kann ich dafür tun, um es zu bekommen?

- Ich wünsche mir ... Wird sich dieser Wunsch für mich erfüllen?

- Denkt ... an mich?

- Ich habe einen Antrag auf ... gestellt. Was wird dabei herauskommen?

- Ich werde am ... eine Prüfung in ... ablegen. Wird sie erfolgreich sein?

- Ich vermute ... Was ist die Wahrheit?

Es gibt so viele Möglichkeiten, die richtige Frage zu stellen. Jedoch sollte die Fragestellung so präzise wie möglich und nicht kompliziert sein. Auch sollten Fragen nie in einer negativen Form gestellt werden. Das heißt, Wörter wie z. B. „nicht – kein – niemals – nie – vielleicht" haben in einer Frage nichts verloren, da sie verwirrend sind.

Eine Frage bzw. eine Art „Anweisung", die auch möglich wäre, ist eine, die ich selbst gerne stelle, wenn mir gerade kein besonderes Thema am Herzen liegt. Dann wünscht man sich einfach:

„So wie es mir jetzt geht und wie es mir bald gehen wird, das soll in meinem Kaffeesatz sein."

Diese Frage ist eine gute Möglichkeit, eine Orientierung oder auch eine Standortbestimmung aus dem Kaffeesatz zu deuten. Vielleicht möchte man auch gar nicht genaue Fragen formulieren und bestimmte Themen ansprechen, sondern einfach mal schauen, was der Kaffeesatz so „zu sagen hat". Dann wäre diese Frage bzw. dieser Wunsch an die Tasse auch sehr passend.

Und man wundert sich, wie viele wirklich auf das gegenwärtige Geschehen passende Symbole als Antwort im Kaffeesatz deutlich werden!

Ein netter Nachmittag mit Freundinnen – Die Mokka-Party

Wenn eine kleine (oder auch größere) Gruppe von Frauen zusammenkommt, wird es meistens richtig lustig. Ein Grund dafür ist, dass Frauen, die unter sich sind, meistens natürlicher sind. Mit natürlich meine ich, sie sind sie selbst. Sie müssen nicht etwas darstellen, sie müssen sich nicht zusammenreißen, sie müssen sich nicht anpassen und, ja, sie müssen sich noch nicht einmal benehmen! Aber es kommt auf die richtige Mischung der Persönlichkeiten an. Die Gastgeberin weiß selbst am besten, wer wann mit wem in die Gruppe passt. An solchen Tagen kann man getrost auf Wimperntusche verzichten, denn spätestens, wenn die größte Ulknudel von allen ankommt, läuft innerhalb weniger Minuten sämtliche Wimperntusche in Strömen. Ich habe schon solche Tage (und Nächte) erlebt, an denen Frauen sich von einem Thema in das nächste hineingesteigert haben, sodass alle nicht nur Tränen lachten, sondern richtige Lachanfälle bekamen und sich gegenseitig damit ansteckten.

Also so etwas wie ein „Weiberabend", nur dass alle schon am Nachmittag kommen, viel Zeit mitbringen und bis in die Nacht bleiben. Am besten hat man an solchen Tagen ein „männerfreies" Haus und keinerlei andere Verpflichtungen, denn so nett es auch mit den Herren der Schöpfung sein kann, an solchen Nachmittagen hätte man keine Freude an ihnen, denn sie verstehen weder solche Nachmittage noch haben sie Verständnis für ihre Partnerin, die sie dann in einer Art erleben würden, die sie bisher nicht an ihr kannten und vielleicht auch erst gar nicht kennen sollten. Planen Sie solche Tage immer dann, wenn kein Mann (außer vielleicht Ihr schwuler Frisör) in der Nähe ist.

Wenn Sie Zeit haben, dann bereiten Sie für diesen Nachmittag kleine Häppchen vor. Falls Sie keine Zeit haben, bitten Sie Ihre Freundinnen, etwas Nettes zum Essen „nebenbei" mitzubringen. Sie werden es noch brauchen. Besorgen Sie sich reichlich Mokkakaffeepulver (ich gehe davon aus, dass Sie bereits das Mokkatöpfchen und Mokkatassen haben), und bereiten Sie ca. 20 Minuten, nachdem alle Frauen angekommen sind, den Mokka für alle vor.

Denken Sie dran: Sich selbst aus der Tasse zu lesen ist nicht erlaubt. Solange alle anwesenden Frauen das Lesen noch erlernen, ist es durchaus in Ordnung, dass eine Mokkatasse von verschiedenen „Betrachterinnen" angeschaut wird. Sie werden feststellen, dass die eine ein Symbol sofort klar und deutlich erkennt, welches die andere gar nicht beachtet hat und erst auf den zweiten oder gar dritten Blick entdeckt. Nur diejenige, die diesen Mokka getrunken hat, darf nicht in ihre eigene Mokkatasse schauen. Dafür kann sie aber bei den anderen Tassen „mitlesen". Dies artet an solchen Nachmittagen zu einer gemeinsamen, lustigen Kaffeesatzlesung aus. Das ist schön, denn man lernt so ganz nebenbei – gerade weil auch viele extrem „scharfe Frauenaugen" an dem Frauennachmittag beteiligt sind – gemeinsam das Erkennen von Symbolen. Frauen haben von Natur aus Männern etwas voraus: den „scharfen" Blick. Klar schauen Männer auch, aber – und dies ist ein großes Aber – während ein Mann zehn Sekunden lang etwas anschaut und sich zwei Sätze dabei denkt, weiß ich von Frauen (und ich gehöre dazu), die in derselben Zeit mindestens 20 Sätze zusammenbekommen. Also ein Komplett-Check-up mit der dazugehörenden Analyse. Denselben Blick haben Frauen, wenn sie sich zum Schuhekaufen entscheiden. Wenn es ein „guter Schuhtag" ist, reicht ein Blick dann schon aus, und man weiß genau: Dies ist ein „Will-haben-" oder ein „Muss-haben–Schuh".

Das ist der Grund, warum ich meine, dass ein Nachmittag mit Freundinnen die perfekte Zeit ist, sich mit dem Thema Kaffeesatzlesen zu beschäftigen, da die gemeinsamen „Adleraugen" sich auf das Wesentliche beschränken werden. Wenn Ihnen jemand sagt, dass daran dann nichts „Mystisches" mehr ist, dann ist es genau das. Ich habe an verschiedenen Stellen erwähnt, dass die Leichtigkeit des Deutens das A und O ist. Und genau deswegen ist so ein Nachmittag der perfekte Nährboden für diese Art von Leichtigkeit des Lesens. Die Vorteile einer lustigen Gesellschaft sind nicht zu übertreffen.

Laden Sie viele verschiedene Frauen ein, und achten Sie als Gastgeberin darauf, dass nicht alle dasselbe „Fragethema" haben! Das gibt dem Ganzen die nötige Würze und macht so ein Treffen zum absoluten Erfolg. Aber mindestens eine „Ulknudel" und/oder ein schwuler Frisör als Gast ist ein Muss.

Der Rest ergibt sich von selbst.

Der Trost aus der Mokkatasse – wie man mit Sorgen umgeht

Man liest aus dem Kaffeesatz einfach mal so, aus Spaß und Neugier, oder als Wegweiser und Orientierungsmöglichkeit in unklaren Situationen, oder auch, wenn man sich in einer aussichtslosen Situation befindet. Das Letztere soll das Thema in diesem Kapitel sein.

Solange Menschen leben, haben sie Sorgen. Wenn sie sterben, haben dann andere die Sorgen. Und während man stirbt, macht man sich auch Sorgen, wie es dann denen gehen wird, die man zurücklässt. Sich Sorgen zu machen gehört anscheinend, so wie Essen und Trinken, zum Leben dazu.

Sich also vorzustellen, die Menschen könnten sorgenfrei sein, ist nicht nur utopisch, sondern unmöglich. Die meisten, wenn nicht alle Menschen haben irgendeine Sorge. Dann gibt es auch die Menschen, die eigentlich keine Sorgen haben, und genau deswegen sich Sorgen machen. Mit „sich Sorgen machen" meine ich nicht, sich um etwas sorgen, sondern das „Erfinden" von Sorgen. Das Wort „Erfinden" beschreibt es ziemlich genau: er-finden. Da kommt mir wieder das deutsche Sprichwort in den Sinn: „Wer suchet, der findet." Ich sage nicht, dass alle Sorgen frei erfunden sind. Ich sage auch nicht, dass Menschen keine Sorgen haben oder keine haben sollten. Aber es gibt tatsächlich eine besondere Kategorie Menschen, die (fast) sorgenfrei ist.

Menschen, die von ihrem Wesen her eher eine Frohnatur darstellen und meistens auch eine gute, gesunde Herkunftsfamilie haben, in der sie glücklich aufgewachsen sind, gehören zu dieser Kategorie. Ich persönlich schätze, dass dies ca. drei bis vier Prozent der Weltbevölkerung ist. Mehr ist es nicht. Alles andere, was wir uns wünschen, oder „gut denken" stammt aus Märchen, die wiederum andere Menschen geschrieben haben. Und da wir von Kindheit an auch mit einer oder mehreren Märchengeschichten aufgewachsen sind, glauben wir ein Leben lang, so ein Märchen für uns selbst gestalten zu müssen. Wenn aber die Realität uns für solche Gefühle und Wünsche eine Ohrfeige und manchmal sogar einen Faustschlag verpasst, sind wir verzweifelt, voller Sorge und unglücklich.

Kommen wir also zu denen, die die Minderheit unter der Bevölkerung darstellen. Die ewig Glücklichen, immer Lächelnden, denen es, wenn man sie fragt, nicht nur gut, sondern stets bestens geht.

Dieses kleine, glückliche Grüppchen von Menschen könnte ein Land gründen, es „Happyland" nennen und fast sorgenfrei zusammenleben. Fast sorgenfrei, weil es garantiert langweilig würde. Aus Langeweile „erfinden" Menschen wiederum etwas, womit sie sich beschäftigen können – und müssen. Am besten beschäftigt man sich mit Problemen, die währen am längsten und erschüttern uns auf eine so intensive Art, dass uns die Zähne klappern. Der Mensch muss also Probleme haben, damit er sie lösen kann. Ein türkisches Sprichwort sagt: „Wenn etwas zerknotet ist, musst du so lange daran sitzen, bis die Knoten wieder offen sind, sonst wirst du immer Sorgen haben". Bei jungen Mädchen „verlängert" man diesen Satz: „und du wirst nicht geheiratet werden!" So! Bitteschön! Was soll das heißen? Es heißt nichts anderes als: „Mach die blöden Knoten auf, sonst läuft bei dir nichts!"

Und jetzt zurück zu „Happyland". Ganz ehrlich, manchmal würde ich auch gerne die Koffer packen, oder auch gleich ohne Koffer, nur mit meiner geliebten Handtasche, mich ins Auto setzen und losfahren, um eine „Happyland"-Bewohnerin zu werden, aber das würde spätestens nach zwei Wochen auch für mich zu langweilig. Man stelle sich das mal vor: Alle lächeln, alle sind nett, alle sind voller Liebe, alle wollen nur Gutes, alle schauen treudoof und immer sanft durch die Gegend, alle sind von morgens bis abends glücklich, jedenfalls hat es den Anschein. In den 60-er und 70-er Jahren des letzten Jahrhunderts entstanden solche

„happy" Kommunen, egal wie sie sich alle nannten. Sie waren auch kein Ideal, denn auch sie haben sich einen Guru ausgewählt, der dann über sie bestimmt hat. Ohne darauf einzugehen, wer wo über wen in welcher Form bestimmen durfte, behaupte ich, dass das nichts mit Glücklichsein zu tun haben kann.

Und genau an diesem Punkt steigt bei mir die Aggression und es ist Schluss mit „immer lächeln, immer fröhlich, immer nett, alles gut, alles lieb". Nein, spätestens jetzt erwacht auch meine sorgenvolle Seite und schwingt einmal kräftig mit der Keule. Ich will nicht in einer „Pseudowelt" leben, ich will das Echte, das weiche und das harte Leben, ich will alles davon, denn nur dann spüre ich, dass ich lebendig bin! Ich will leben, nicht nur atmen, ich will Liebe – und dazu gehört nun mal auch das Drama. Und wäre es eine Liebe ohne Drama, dann wäre das zwar nett, aber nicht lebendig und nicht in Bewegung.

Aber was ist, wenn das echte Leben mit Sorgen überfüllt ist? Was ist, wenn die Sorgen so schwer und belastend sind, dass sie die Überhand über uns gewinnen? Was ist, wenn die Sorgen sich vermehrt haben und uns überhäufen? Oder noch schlimmer: wenn aus echten Sorgen echte Ängste geworden sind? Und zwar so echt, dass wir am liebsten von morgens bis abends vor lauter Angst in einer Ohnmacht leben bzw. bloß noch existieren? Wir atmen, aber leben gar nicht mehr. Nicht wirklich.

Es gibt viele Formen von Angst. Die größte Angst ist die vor dem Tod, also vor dem Ende der irdischen Existenz. Es gibt aber auch hier verschiedene Formen von Existenzängsten. Ob es um das Leben oder Sterben oder um materielle Sorgen geht: beides fällt unter die Kategorie Existenzangst. Diejenigen, die krank sind, haben Angst vor dem Tod. Diejenigen, die keine materielle Energie (Geld, Eigentum, Immobilien) besitzen, haben auch Angst vor dem Tod. Dies ist nicht der Tod des Körpers, sondern der Tod des „freien Handelns". Wir alle möchten frei sein, wir möchten in freien, eigenen Gedanken über unser Leben entscheiden. Der freie Wille ist sicherlich das höchste Gut, das wir Menschen besitzen, und viele auf dieser Erde haben noch nicht einmal das. Durch Angst und Sorgen verlieren Menschen den Boden unter den Füßen. Sie fangen an zu „schweben", sie „verknoten" sich, sie ersticken in ihren Sorgen, oder sie flüchten in eine „Fantasiewelt", die vielleicht so ähnlich aussieht wie „Happyland". Sie können nicht mehr in der Realität leben, also leben sie die Fantasie.

Bevor wir nun noch tiefer auf Ängste und Nöte und verschiedenste Situationen eingehen, können wir uns auch etwas verinnerlichen. Der Tod ist sicher. Er wird kommen. Bei dem einem früher, bei dem anderen etwas später, aber er kommt. Punkt. Ich kenne niemanden, der für immer hiergeblieben ist. Ob und wie die Seele weiterlebt, ist ein anderes Thema, auf das ich hier ganz bewusst nicht eingehe. Alles, was ich sage, ist: Man sollte keine so übertrieben große Angst vor dem Tod haben. Denn früher oder später sind wir alle dran. Das Ende ist immer eine Holzkiste, zumindest für den Körper.

Anstatt sich mit Sorgen und Ängsten zu beschäftigen, sollte man versuchen, die Situation und die Gefühle, die dadurch entstehen, besser zu analysieren und den Mokkasatz als „Kanal" hierfür in Anspruch nehmen.

Vielleicht, und die Hoffnung stirbt zuletzt, finden Sie damit einen Weg, erst einmal zur Ruhe zu kommen. Denken Sie nicht an das Sterben und fangen Sie nicht jetzt schon an, über sich selbst zu trauern. Denn Trauer gehört dann, wenn es soweit ist, den anderen, nicht Ihnen, nicht jetzt. Denken Sie nicht, dass absolut alles hoffnungslos ist. Nehmen Sie sich eine „Auszeit" von Sorgen und Ängsten, und wenn es nur eine halbe Stunde am Tag ist. Nehmen Sie sich ganz bewusst diese „für Sie reservierte" Zeit und üben Sie, erlernen Sie die Hoffnung.

Kochen Sie sich einen Mokka, laden Sie eine Freundin oder einen guten Freund oder auch die Nachbarin zu sich ein, lehnen Sie sich entspannt in Ihren Lieblingssessel und genießen Sie ganz bewusst die Wärme und den wundervollen Geruch des Mokkas, lassen Sie sich selbst und Ihre Themen einfach mal los und konzentrieren Sie sich auf diesen einzigen Moment. Trinken Sie Ihren Mokka und lassen Sie gedanklich Ihre

Sorgen und Ängste im Mokkasatz zurück! Diese Tasse drehen Sie nicht um. Sie bringen die Tasse zu ihrem Spülbecken, stellen sie dort direkt unter dem Wasserhahn ab, und lassen Wasser darüberlaufen. Lassen Sie das Wasser ruhig einige Minuten lang laufen, schauen Sie dabei zu, wie sich der letzte Rest Kaffeesatz von der Tasse löst hat. Sie geben Ihre Sorgen und Ängste dem Wasser! Wiederholen Sie dieses Ritual immer wieder, so oft Sie möchten, oder einfach ein Leben lang.

Egal, ob Sie kleinen oder großen Kummer haben, drücken Sie den Kummer aus, beschreiben Sie ihn so genau wie möglich, trinken Sie Mokka, kommen Sie erst einmal zur Ruhe, lassen Sie die Sorgen im Mokkasatz zurück, übergeben Sie den Mokkasatz dem Wasser und beobachten Sie, wie es Ihnen dabei geht.

Wenn mich jemand sehr geärgert hat, gebe ich auch diesen Ärger in den Mokkasatz und lasse viel Wasser über die Tasse mit dem Mokkasatz laufen. Wenn man den Ärger nicht „wegfließen" lässt, gibt es nur unnötig Falten im Gesicht. Und ich glaube, dass man auch mit weniger Falten alt und weise werden kann.

Es gibt übrigens Wunder. Hinterfragen Sie Ihre Ängste. Wenn sie Ihnen nicht helfen, sich aus der Situation zu befreien, dann können Sie sich von ihnen lösen, denn dann helfen Ihnen diese Ängste nicht, sie behindern Sie nur.

Beschließen Sie ganz für sich allein, was Ihnen Angst machen darf – und was nicht. Lassen Sie sich davon nicht „ein-nehmen", „be-freien" Sie sich, während Sie den Mokka nicht nur trinken, sondern genießen.

Es sind keine leeren Worte, denn es funktioniert. Wenn Sie unentwegt mit Ihren Gedanken um Ihre Sorgen kreisen, verändern Sie nichts. Der Knoten löst sich nicht. Oft kommen sogar noch andere „Knoten" hinzu, und die machen die Situation noch schwieriger als sie vorher schon war. Also nehmen Sie sich lieber vor, mit Geduld und Hoffnung jeden Knoten zu lösen! Sehr selten kommt Hilfe von außen. Mit „außen" meine ich einen „Knotenlöser", der an der Tür klingelt. Der einzige „Knotenlöser" sind Sie selbst, Ihr Glaube, Ihre Hoffnungen und Ihre Taten. Doch bevor Sie an das Lösen von Problemen und Sorgen gehen, sollten Sie zur Ruhe kommen, zur Geduld und zum inneren Frieden. Ermöglichen Sie sich diese Zeit und trinken Sie dabei einen kleinen, feinen Mokka und fangen Sie an, diese Situation „gehen" zu lassen und beobachten Sie gleichzeitig, wie und was sich im Außen für Sie verändert.

Mögen Ihre Mokkastunden gefüllt sein mit Lebensfreude, Neugier und einem zufriedenen Lächeln für Ihre Gegenwart und Ihre Zukunft!

Ich wünsche Ihnen für immer Freude am Mokkatrinken und an der Kunst des Kaffeesatzlesens.